中华复兴之光
万里锦绣河山

绝美中华三山

冯 欢 主编

汕头大学出版社

图书在版编目（CIP）数据

绝美中华三山 / 冯欢主编. -- 汕头 ： 汕头大学出
版社，2016.1（2023.8重印）
（万里锦绣河山）
ISBN 978-7-5658-2373-2

Ⅰ．①绝… Ⅱ．①冯… Ⅲ．①山—介绍—中国 Ⅳ.
①K928.3

中国版本图书馆CIP数据核字（2016）第015660号

绝美中华三山　　　　　JUEMEI ZHONGHUA SANSHAN

主　　编：冯　欢
责任编辑：汪艳蕾
责任技编：黄东生
封面设计：大华文苑
出版发行：汕头大学出版社
　　　　　广东省汕头市大学路243号汕头大学校园内　邮政编码：515063
电　　话：0754-82904613
印　　刷：三河市嵩川印刷有限公司
开　　本：690mm×960mm　1/16
印　　张：8
字　　数：98千字
版　　次：2016年1月第1版
印　　次：2023年8月第4次印刷
定　　价：39.80元
ISBN 978-7-5658-2373-2

党的十八大报告指出："把生态文明建设放在突出地位，融入经济建设、政治建设、文化建设、社会建设各方面和全过程，努力建设美丽中国，实现中华民族永续发展。"

可见，美丽中国，是环境之美、时代之美、生活之美、社会之美、百姓之美的总和。生态文明与美丽中国紧密相连，建设美丽中国，其核心就是要按照生态文明要求，通过生态、经济、政治、文化以及社会建设，实现生态良好、经济繁荣、政治和谐以及人民幸福。

悠久的中华文明历史，从来就蕴含着深刻的发展智慧，其中一个重要特征就是强调人与自然的和谐统一，就是把我们人类看作自然世界的和谐组成部分。在新的时期，我们提出尊重自然、顺应自然、保护自然，这是对中华文明的大力弘扬，我们要用勤劳智慧的双手建设美丽中国，实现我们民族永续发展的中国梦想。

因此，美丽中国不仅表现在江山如此多娇方面，更表现在丰富的大美文化内涵方面。中华大地孕育了中华文化，中华文化是中华大地之魂，二者完美地结合，铸就了真正的美丽中国。中华文化源远流长，滚滚黄河、滔滔长江，是最直接的源头。这两大文化浪涛经过千百年冲刷洗礼和不断交流、融合以及沉淀，最终形成了求同存异、兼收并蓄的最辉煌最灿烂的中华文明。

五千年来，薪火相传，一脉相承，伟大的中华文化是世界上唯一绵延不绝而从没中断的古老文化，并始终充满了生机与活力，其根本的原因在于具有强大的包容性和广博性，并充分展现了顽强的生命力和神奇的文化奇观。中华文化的力量，已经深深熔铸到我们的生命力、创造力和凝聚力中，是我们民族的基因。中华民族的精神，也已深深植根于绵延数千年的优秀文化传统之中，是我们的根和魂。

中国文化博大精深，是中华各族人民五千年来创造、传承下来的物质文明和精神文明的总和，其内容包罗万象，浩若星汉，具有很强文化纵深，蕴含丰富宝藏。传承和弘扬优秀民族文化传统，保护民族文化遗产，建设更加优秀的新的中华文化，这是建设美丽中国的根本。

总之，要建设美丽的中国，实现中华文化伟大复兴，首先要站在传统文化前沿，薪火相传，一脉相承，宏扬和发展五千年来优秀的、光明的、先进的、科学的、文明的和自豪的文化，融合古今中外一切文化精华，构建具有中国特色的现代民族文化，向世界和未来展示中华民族的文化力量、文化价值与文化风采，让美丽中国更加辉煌出彩。

为此，在有关部门和专家指导下，我们收集整理了大量古今资料和最新研究成果，特别编撰了本套大型丛书。主要包括万里锦绣河山、悠久文明历史、独特地域风采、深厚建筑古蕴、名胜古迹奇观、珍贵物宝天华、博大精深汉语、千秋辉煌美术、绝美歌舞戏剧、淳朴民风习俗等，充分显示了美丽中国的中华民族厚重文化底蕴和强大民族凝聚力，具有极强系统性、广博性和规模性。

本套丛书唯美展现，美不胜收，语言通俗，图文并茂，形象直观，古风古雅，具有很强可读性、欣赏性和知识性，能够让广大读者全面感受到美丽中国丰富内涵的方方面面，能够增强民族自尊心和文化自豪感，并能很好继承和弘扬中华文化，创造未来中国特色的先进民族文化，引领中华民族走向伟大复兴，实现建设美丽中国的伟大梦想。

目 录

浙江雁荡山

安徽黄山

  黄山，原名黟山，因峰岩青黑，遥望苍黛而名，位于安徽南部。黄山以其奇伟俏丽、灵秀多姿著称于世，被誉为"天下第一奇山"。

  黄山共有82峰，或崔嵬雄浑，或峻峭秀丽，布局错落有致，天然巧成，并以天都峰、莲花峰、光明顶三大主峰为中心向三周铺展，跌落为深壑幽谷，隆起成峰峦峭壁，风光旖旎，美不胜收。

  黄山集我国各大名山的美景于一身，尤以奇松、怪石、云海、温泉著称，有"五岳归来不看山，黄山归来不看岳"的美誉。

黄山奇景中的古老传说

  黄山，古代称为"天子都"，因为它雄伟秀丽，又神秘莫测，是天帝和神仙的居所。到秦代，人们根据它的颜色又称为"黟山"。

  那么，后来黟山为什么又改叫黄山了呢？据说是因为黄帝曾在此炼丹而得名。

  黄帝又称轩辕氏，是古时部落联盟首领。他带领人们养蚕、制造

舟车。时光飞逝，黄帝到了老年，还有许多事情没有完成，河流需要治理、土地需要开垦、禽兽需要驯化等。

黄帝为了长生不老，多为百姓办好事，便派浮丘公为他寻找可以修炼长生不老仙丹的地方。

浮丘公走了3年才回来，告诉黄帝："江南有一群高山，只因山上多是黑石，叫黟山，那里可以炼丹。"

于是，黄帝带领浮丘公、容成子和一些臣仆来到黟山，垒石造屋，又砌炼丹炉，然后去采集炼丹所需的草药。

黟山有几十座陡峭的山峰，有的地方连猴子也难上去，可轩辕黄帝却踏遍了每一寸山崖。

到后来，所备的粮食吃完了，只能靠摘野果充饥，很多人忍受不了那份苦，偷偷跑了，最后只剩下黄帝和浮丘公、容成子3人。

他们经过9年千辛万苦的寻找，才采集齐炼丹所需的草药，又打了一眼井，掘开清洌甘甜的山泉，这才开始炼丹。

3年过去了，原来准备好的柴快要烧完了，仙丹还没炼成，炼丹台附近的树已被砍光，浮丘公和容成子只得到远处去砍柴，黄帝一人看守炉火。

黄帝把最后一块松柴填进了炉膛，浮丘公和容成子还没回来，眼看火势越来越小，一旦熄灭，将前功尽弃。黄帝便把自己的一条腿伸进炉里当柴烧，终于炼成了仙丹。

这时浮丘公和容成子赶了回来，把黄帝的腿从火里救出来。3个人吃了仙丹，果然脱胎换骨，飘然成仙了。所以人们就称黟山为黄山了。

还传说，在桃花溪中还有他们炼丹时用过的丹井和药臼呢！并且，在黄山的群峰中轩辕峰、浮丘峰和容成峰就是以他们3个的名字命

名的。

黄山共有82峰，以天都峰、莲花峰、光明顶三大主峰为中心向三面铺展开来，黄山的前海是以三大主峰中的莲花峰和天都峰为主体组成的。

在天都峰和莲花峰之间是著名的玉屏峰，这里几乎集黄山奇景之大成，故有黄山绝佳处之称。

玉屏峰前有巨石如平台，左有青狮石、迎客松，右有白象石、送客松、立雪台。登台四眺，景色奇绝。著名的"玉屏卧佛"就在峰顶，头左脚右，惟妙惟肖。

玉屏卧佛是花岗岩山体经过自然风化形成的，毫无人工斧凿的痕迹。它长约数百米，鼻子高耸，眉眼清晰，甚至连头上的螺髻、颈部的喉结也都清晰可辨。

送客松畔是观赏卧佛的最佳处，只见玉屏卧佛头朝莲花峰，脚朝耕云峰，左右有象、狮二石镇守，头顶有金龟侍候，卧姿安详，形态逼真。有当地群众反映，民间早有称玉屏峰为"美人靠""睡美人"和"睡观音"等讲法。

天都峰位于玉屏峰南1千米，是黄山三大主峰中最为险峻的一座，海拔1.8千米。天都峰顶有"登峰造极"石刻，使人有"海到尽处天是岸，山登绝顶我为峰"之感。

黄山第一高峰莲花峰位于玉屏峰北，莲花峰海拔1.8千米，峻峭高耸，气势雄伟，宛如初绽的莲花，故名莲花峰。

从莲花岭至莲花峰顶约2千米，这段路叫莲花梗，沿途有飞龙松、倒挂松等黄山名松及黄山杜鹃。

莲花峰绝顶处方圆丈余，中间有香砂井，置身峰顶，遥望四方，千峰竞秀、万壑生烟。在万里晴空时，可东望天目山，西望庐山，北望九华山。雨后，纵观八面云海，更为壮观。

在莲花峰和鳌鱼峰中间便是百步云梯。百步云梯是在石壁上凿成的一百余级险峻陡峭的蹬道，从两石间穿过下行，十分险峻，走在上

面也会让人觉得心惊，那又是谁在这前后数里，杳无人烟的悬崖上开出一条通途呢？

相传，在很早以前，山下住着一个黄善人，终年干着修桥补路，好善乐施的好事。

当时，前山和后山互不相通，就卡在莲花峰和鳌鱼峰之间的这块悬崖上，当地人称它为"断头崖"。

黄善人想在这里开一条路，但是即使出大价钱也雇不到一个帮手，只得自己干了起来。后来，他的善心被救苦救难的乞丐大仙铁拐李知道了，铁拐李有意点化黄善人，于是变成一个年轻美貌的游山女子，假装因迷路来到断头崖前，求黄善人送她出山。

黄善人心想：救人一命胜造七级浮屠，开凿这条路再怎么重要，也不能眼睁睁地看一个弱女子葬身在这大山之中啊！

于是他答应护送迷路女子出山，可万万想不到那女子一会儿扭伤了脚，一会儿刺破了皮，硬要黄善人背着她下山。黄善人一句怨言也没有，就将她背下了山。

　　下山后，铁拐李变回了原来的模样，对黄善人说："我明天要来接你上天去，与你同列仙班。"

　　可黄善人说："还不行，我要把这条路修好，才能跟你走！"

　　铁拐李顿时哈哈大笑，笑声未落，铁拐李就不见了踪影。

　　第二天，黄善人依旧来到山上开路，但奇怪的是好像没费气力似的，一连凿出好几个石级。

　　黄善人直起腰来，突然发现不知什么时候，一条又平又阔的石梯已经从山脚直铺到山顶了，铁拐李正笑嘻嘻地迎面走来。

　　黄善人忙说："仙长留步，容我刻上'百步云梯铁拐李造'的字样留个纪念，可好？"

　　铁拐李说："不必，不必！仙不图名！你快跟我走吧！"说着便拉住黄善人的手共同驾云而去。

　　后来，有个游方僧人，见百步云梯扼前后山咽喉之地，猛生恶念，谎称这是他献资营造的，要一切过往行人统统丢买路钱。

这就触犯了佛门清规，玉帝差遣金甲神，一鞭就把他打成了一块石头，人们称之为"老僧入定"。

百步云梯又称"一线天"，从这里通过的时候，仰头只能见一线青天，故称一线天。过"一线天"，登数十级，回首再看，可见三座参差不齐的小石峰相拥而立。

峰巅似剑，纯石无上，峰上奇松挺拔，形态各异。每当云雾缭绕，峰尖微露，似海中岛屿，人们又喻为神话中的蓬莱仙境，故取名"蓬莱三岛"。

下鳌鱼峰便是天海，天海位于黄山前、后、东、西海之中，为黄山之中心位置。

天海为海拔约1.6千米的高山盆地，从光明顶回望，有一览众山小之势。当周围群峰没在云海之中时，此处却是一片晴空，每当云雾出现，云天一色，巍巍壮观。这里生长160多种植物，四季都有花开，景色非常优美。

在百步云梯的两侧还有两块奇巧的石头，人们称之为"龟蛇二石"。这两块石头一个如龟，一个似蛇，故名"龟蛇二石"。

相传，此二石乃观音菩萨点化而成，令其专门镇守云梯的，故又名"龟蛇守云梯"。

有诗道："二君到此几多年，龟自辛勤蛇未眠。坚守天梯无日夜，迎来送往态悠然。"

它们俩就在这里无惧风吹日晒地看守着百步云梯。

西海群峰中的动人故事

　　黄山西海为一盆地型峡谷峰林群，"海"中峰柱林立，千姿百态、林木葱郁，素有"峰海""林海"之称。

　　每逢春夏或初秋雨后初晴，西海则云如浪涛，或涌或翻，或奔或泻，铺天盖地，极为壮观，被誉为"云海"，"峰海""林海""云海"三海合一是西海之特色，其中通天门、天台为绝景。

　　西海峡谷因群峰兀立、谷深不可测而被称作神秘谷，后来人们在

这里建造了排云亭。站在排云亭可眺望西海群峰、晚霞落日。

飞来石矗立峰在排云亭后面，它是高约1.7千米的丹霞峰，站在峰上可以观赏到旭日东升云端的壮观以及飞来峰和九龙峰的雄伟。

在排云亭前右侧近处，有二石如一双鞋，整齐地放在小峰台上，似在晾晒，人们称之为仙人晒靴。关于这两个像鞋一样的石头，还流传着一个故事呢！

从前，黄山左数峰的仙都观里住着一个老道士名叫道玄，他还有一个徒弟名叫太清；松林峰上的紫霞宫里住着一个道姑炼玉和她的徒儿妙真。

两座道宫中间隔着一道鸿沟，加上道规森严，他们老死不相往来。一年冬天，山中大雪，仙都观里断了火种，道玄叫太清到紫霞宫里去借火种。当太清来到紫霞宫，就见到妙真，两人一见如故，谈起话来，非常亲热。

从此，太清和妙真两人每天打柴、担水，便到一起谈心，渐渐地

砍的柴就少了，担的水也少了。

这事不久都被双方师父发现，他俩都受到师父的严厉斥责。还规定今后打柴、担水，以两峰交界的沟涧为界，越界了，就用道鞭、神杖打杀。此后两人在一起说话就很困难了。

太清和妙真趁双方师父都下了山，便偷偷见面，并商定，今后太清在山门前晒一只靴子，就表示师父下山了，妙真就会见太清。妙真在宫前晒一只鞋，就是表示师父出门去了，太清就去见妙真。

有一天，两人刚见面，不料双方师父突然回来，事情败露。他俩想来想去，最后横下一条心，说："生不能在一起，就死在一起！"

于是，两人携手从悬岩上纵身一跃，跳进了白雾茫茫的云海。太清晒的靴子和妙真晒的鞋子都没有人收，慢慢都变成了石靴、石鞋。

在排云亭前左高峰，有巧石如人状，前面紧挨着有石如琴。石人酷似仙女，石琴宛若平放的凤凰琴，状为仙女坐在琴旁，身体微俯，正在聚精会神地抚弄琴弦，故名"仙女弹琴"，俗称"仙女打琴"。

传说在月宫中曾经住着一位美丽的仙女，弹得一手好琴。一天，玉皇大帝召她进宫弹琴，仙女的琴声深深打动了玉皇大帝，玉皇大帝一高兴就准许仙女下凡游玩3天。

仙女来到风景优美的黄山，她被黄山的景色吸引住了，坐在山峰上弹起了一首首动听的曲子，不知不觉，3天过去了。

玉皇大帝见仙女还没回来，大发雷霆，施展法术把仙女变成了一块石头，就是现在人们见到的著名的"仙女弹琴"。

在排云亭前右数峰腰，是著名的武松打虎。在这里有一石似勇士振臂而立，威武雄壮。下边有一石如猛虎，昂首而吼，凶猛异常。远远望去，就好像一只猛虎后爪着地，两只前爪扑在勇士身上，勇士则用左手叉住猛虎下颌，右手举拳欲击，好像武松打虎一般。

此外，还有天狗望月、仙女绣花、夫妻对话、背面观音、天鹅孵蛋和文王拉车等美景，并且此处更是观黄山云海、落日的极佳地点。

知识点滴

关于天狗望月还有一个传说。传说从前，在天上住的二郎神还有一只小狗，叫天狗，非常聪明，可是也很贪玩。有一天，天狗自己跑到凡间去玩，它玩了一天又一天。

这一天，天狗到黄山游玩，到了晚上，很累了，突然很想念它的好朋友玉兔，于是就趴在黄山的一座小山上，望着月亮，和它的好朋友玉兔聊天。

天狗把凡间好看的、好吃的、好玩的都告诉了玉兔，说得正起劲的时候，二郎神刚好到广寒宫探望嫦娥姑娘，看到他的小天狗在凡间，非常生气，就施法把它变成一块石头，让它永远趴在黄山那座小山上。

云雾缭绕的北海美景

从西海再往北去，就是北海了。北海位于黄山偏北部。在光明顶与始信峰、狮子峰、白鹅峰之间，是一片海拔1.6千米左右的高山开阔地带。

北海以峰为主体，汇集了峰、石、矼、坞、台和松、云奇景，以伟、奇、险、幻为特色，天工的奇妙布局，琉璃色彩变幻，构成一幅幅伟、奇、幻、险的天然画卷。

其中有始信峰、上升峰、狮子峰和白鹅峰等奇峰，每当云雾萦绕之时，峰峦时隐时现，酷似大海中的无数岛屿，令人神往。

始信峰虽不如天都峰和莲花峰高，也不在36大峰之列，但雄踞险壑，竖立如削，三面临壑，悬崖千丈，峰顶拳拳之地，近览远眺，面面受奇，有"始信黄山天下奇"之誉。

这里汇聚了许多黄山名松，如接引松、黑虎松、连理松、龙爪松、卧龙松和探海松等。石笋峰、上升峰左右陪衬，成鼎足之势，峰巅有渡仙桥，桥畔石隙有状似接引仙人渡桥的接引松。

上升峰位于始信峰北方，为36大峰之一，海拔1.5千米。因峰常为云拥，沉浮无定，势若上举，又旧传仙人阮公在此峰修炼成仙升天而去，峰上时有天乐声，故名"上升降"又名"阮公峰"。

白鹅峰是黄山东海与北海的分界线，海拔1.7千米。峰壁平整如砥，山势险峻，峰上巨石累累，古松苍劲，景奇境妙，颇耐玩味。

白鹅峰上一石突出云天，状似白鹅头上的红包，故名白鹅。又因为山道绕峰而下，行人经过时需要面壁而行，故又名"面壁峰"和

"板壁峰"。

从白鹅岭向右远眺，有峰如柱，峰顶有石如桌，四腿向上，似有意翻倒，故名"仙人翻桌"。关于这个仙人翻桌还有一个传说呢！

相传古时候，黄山是一片汪洋大海，有黄、黑、白、青、赤5条龙，分别住在黄山的前海、东海、后海、西海、天海，号称"五海龙王"。

一天，黄山东海龙王做寿，前海、后海、西海和天海的龙王、龙妃带着龙子、龙女、龙孙、一起到东海龙宫为东海龙王祝寿。一时间，东海龙宫里云腾雾涌，仙乐盈空，香烟缭绕，热闹非凡。

隆重的祝寿仪式完毕后，100多桌的御宴开始。御酒佳酿、珍肴美味，应有尽有。酒宴从午时三刻，一直延续到天黑，龙王们仍不肯散席，还在狂饮。

后海和西海的黑龙、青龙两位龙王，喝得酩酊大醉。醉后失态，青龙忽地跳到桌子上，用起一脚，碗碟横飞，黑龙也不示弱，甩起一脚，干脆把一张八仙桌踢到了高空，比天都峰还高出160米。

　　八仙桌在空中翻了几个筋斗，打了几个转转，仍旧落在原来的地方，只是翻了个身，四只桌脚朝天。这一来，把宾客们吓得魂不附体，纷纷走散。

　　这东海龙王做寿，龙王们酒醉闹事，不知已经过了几万载，可是当时被黑龙踢翻的桌子，却依然四脚朝天，成为了黄山的一座奇峰。

　　黄山北海是黄山的腹地，群峰荟萃，并且怪石嶙峋，其形态可谓是千奇百怪，令人叫绝。有仙人下棋、仙人背宝和猴子观海等。

　　仙人下棋在上升、始信两峰间。这里有一排怪石，酷似几位身穿道袍、头挽发髻的仙人。其中有两人对坐，如棋手对弈。

　　中间有一棵古松，树冠平整如棋盘，故名"仙人下棋"。这局棋不知下了千年万载，却至今不见输赢。在"仙人下棋"左边，有一巧石如人，背负一袋宝物，称为"仙人背包"，亦称"仙人背宝"。

　　"猴子观海"在狮子峰北一座平顶的山峰上，有一巧石，如猴蹲坐，静观云海起伏，有诗写道：

　　　　灵猴观海不知年，万顷红云镶碧天。
　　　　坐看人间兴废事，几经沧海变桑田。

　　当云雾消散后，石猴又如在远眺太平县境，故也称作"猴子望太平"。

　　黄山天海的东边就是东海。在白鹅峰前的东海，有"七巧石""五老荡船""仙人翻床"等奇景。

　　七巧石位于白鹅岭下盘道右侧，是大小7块岩石，形状不一，天然叠在一起，协调和谐，天然成趣，故名七巧石。有诗记道：

　　　　白鹅峰畔奇景多，七石巧叠尤谐和。
　　　　疑是仙家天鹅蛋，送来深山是小鹅。

在白鹅岭俯视，贡阳山畔有5块巧石，形如5位老翁相聚一起，在云雾弥漫时，似在摇橹操舵，荡船于海上，人称"五老荡船"。其形象逼真，若静若动。

从白鹅岭下400阶，有一怪石屹立峰巅，其状似身着道袍的仙人，他一手举起，似为人指引进入之路，故名"仙人指路石"，又名"仙人指路峰"。

从另一个角度仰视仙人指路石，这块石头的形状又变成了喜鹊，旁有一棵青松，状若古梅，松石相配成景，人称"喜鹊登梅"。

除了这些奇峰怪石，东海还有人间瑶池仙境翡翠谷。谷中分布着大小彩池数百个，有40多个彩池的面积超过100平方米，最大的彩池面积近1000平方米。其中著名的有龙凤池、花镜池、绿珠池、玉环池、白鹿池、雷雨池、天池、天鹅池等。

知识点滴

狮子峰酷似一只伏卧的雄狮，故名。它头西尾东，狮头昂向丹霞峰、铁线潭的上空；清凉台处是狮子的腰部；曙光亭处是狮子的尾巴；狮子张嘴的地方是原庙宇狮林精舍。

狮子峰附近还有宝塔、麒麟等奇松和薄团、凤凰等古柏，又有四季喷涌的天眼泉和古木参天的万松林，古木葱郁，秀色可餐，"雄狮"伏卧万松之巅，更是灵秀雄奇。

今人有诗写道"曾经万亿年，常卧翠微巅。渴饮南山雨，饥吞北海烟。风雷吼四面，日月绕双肩。背负文殊座，雄威震大千"。从散花精舍和北海宾馆门前观狮子峰，最为神似。

名人足迹中的黄山美景

随着时间的流逝，黄山的美景渐渐被人们所熟知，到了西汉，有一位道士叫窦子明来到黄山炼丹修道。窦子明为西汉沛国人，是一个县令，他笃信道教，闲暇时常到九华山讲道。

传说，有一天他在拾宝岩下的溪水中钓到一条白鱼。他将鱼带回住处，让伙房去烹饪。当伙房将鱼划开后，发现鱼腹中有一素绢，上

面画满了似字又非字的符号。

伙房将素绢给了窦子明，窦子明仔细一看，欣喜若狂，连声说道："善哉！善哉！"

原来，此绢乃天书，上面记录的是如何炼丹、如何服食。于是，窦子明辞去了官职，按照天书的指点，来到了黄山采集矿石炼丹。

窦子明在黄山整整待了3年，仙丹才炼成。窦子明服食之后，顿觉腾云驾雾。他恍恍惚惚登上一座名叫仙姑尖的高山，只见山下的溪水中忽飞起一条白龙，摇首摆尾飞到窦子明面前。窦子明骑上白龙升仙而去，从此仙姑尖改名为仙人峰了。

不久之后，窦子明的两个女儿去黄山看望父亲的时候，发现了窦子明留下的书信，得知父亲是吃了仙丹飞升成仙了，于是她们两个也服食了父亲留下的丹药，在仙人峰东边的凫雁峰化凫升天了。

窦子明炼丹升天的神话，引来了许多想升天成仙的道人，其中最突出的要算是晋代著名道士葛洪了。

到了747年的唐代，唐玄宗笃信道教，于是正式命名为"黄山"，并把6月16日钦定为黄山的生日。

据说，唐代大诗人李白也曾经来到黄山游玩。在黄山北海散花坞左侧，有一孤立石峰，形同笔尖朝上的毛笔，峰顶巧生奇松如花，故名"梦笔生花"。这座奇峰，传说跟李白有着密不可分的关系。

相传，李白来到黄山，见到北海山峰竞秀，景色奇美，禁不住诗兴大发，便昂首向天，高声吟道：

黄山四千仞，三十二莲峰；
丹崖夹石柱，菡萏金芙蓉。

李白吟诗声惊动了狮子林禅院的方丈。他走出山门，细细一看，只见一位白衣秀士，风度潇洒，便上前施礼，请问尊姓大名。

当得知这位不凡之客原来是"长安市上酒家眠"，"天子呼来不上船"的诗仙李白时，方丈急忙吩咐小和尚抬来用清泉酿制的米酒，

还拿来文房四宝。方丈盛满了一杯酒，双手捧上，敬给李白。李白慌忙还礼，双手接过，一饮而尽。

俩人席地而坐，纵谈诗文，开怀畅饮。李白深感长老待人诚恳，意欲草书诗作相赠，以作答谢之礼。

长老大喜，小和尚们忙着研墨的研墨，铺纸的铺纸。李白趁着酒兴，奋笔疾书。长老及小和尚们分别站两旁，目睹那遒劲的大字，赞叹不已。

李白写毕，还有三分酒意，便将毛笔顺手一掷，那毛笔翻翻摇摇，从空中落下插入土中。他这才告辞长老而去。

长老送走李白，回过头来，不禁大吃一惊，刚才李白掷下的毛笔已化成一座笔峰，笔尖化成了一棵松树，矗立在散花坞中。

除此之外，黄山的洗杯泉和鸣弦泉石刻，相传也是李白吟风听野泉时手书上去的。

在唐代，除了诗仙李白，还有许多诗人来到黄山，写下了诸多描写黄山美景的诗歌。

芙蓉岭在芙蓉峰下，芙蓉峰海拔高度1365米，宛如初放芙蓉。唐代诗人程杰曾在诗中写道：

谁把芙蓉往外栽？亭亭秀妍四时开。
清宵洁月峰头挂，宛似佳人对镜台。

芙蓉岭为黄山北面入山的必经之地。岭上有芙蓉洞，在洞中举目南眺，群峰耸立，溪水如带，飞龙峰昂首舞爪，跃跃欲飞。

芙蓉峰像一枝初放的芙蓉那样艳丽，雨后满山流泉飞挂更加动人。穿过芙蓉洞而下是芙蓉居，隔溪高耸的是盘磨峰，右边入云的是芙蓉峰。下岭后为一片谷地，左侧古有芙蓉庵，后来在其旧址建有"芙蓉居"。

由芙蓉居沿小道前行百米，溪间有一名潭。后海诸溪之水均汇聚此潭，水绿如蓝，深不见底，犹如"虎穴龙潭"，故名"老龙潭"，亦名"汪波潭"。潭上漂砾巨石，留有历代题刻。

沿溪旁小径绕芙蓉峰麓前行

1千米，有一溪流长期冲涮而成的水池。环池皆石，两侧为夹岸山岩，上下为两方巨石。池长15米，宽8米，深10米。

溪水直注池中，幽静的水池更有动态之美，碧波荡漾，山形树影，反射阳光，闪烁耀金，绚丽多姿，魅力迷人。这就是黄山的著名水景翡翠池。

在翡翠池侧巨岩，镌有一个字径3米的"佛"字，岩壁还刻有"寿"字。下方，有"福"字和"南无阿弥陀佛"摩崖石刻。另侧岩壁，则有恰到好处的镌刻题词："绿荫深处"。

前行不远，在松谷溪中，有五块巨石形似巨龙，头伸入潭，尾展溪岸，其状如五龙吸水，故总名"五龙潭"。潭呈正方形，因潭水过深，水色绿中泛黑。又因潭之上下溪赤龙潭、青龙潭、白龙潭、老龙潭和乌龙潭。

后来明代大旅行家徐霞客在其游记中这样描述："青龙潭，一泓深碧，更会两溪，比白龙潭势既雄壮，而大石磊落，奔腾乱注，远近群峰环拱，亦佳境也。"

乌龙潭上方的巨石上，古建有亭，后来被山洪冲毁，存留下来的是后来重建的，名乌龙亭，又名松云寺。亭柱上有一联：

四面云山绕二水；
一潭星月照孤亭。

山岩岩壁上刻有巨大的"龙""虎"2字，苍劲有力。亭中设有石桌石凳，俯览风景尤佳。过了乌龙潭有巨石如虎，石壁上刻有"卧虎"2字。

在唐代，黄山的美景不仅被人所熟知，而且黄山的温泉，也被人们开发了出来。自唐代开发以来，享誉千年。黄山温泉的水质透明，洁净澄碧，其味甘美，可饮可浴。

黄山有泉15处，其中被称为黄山"四绝"之一的温泉，古称汤泉，又名朱砂泉，有两个出入口。温泉水质以含重碳酸为主，无硫。

唐代大诗人李白，在《送温处士归黄山白鹅峰旧居》诗中写道："归休白鹅岭，渴饮丹砂井。"

唐代诗人贾岛在《纪温泉》长诗中有"一濯三沐发、六凿还希夷。伐马返骨髓，发白令人黟"的名句。

黄山温泉的源头，相传来自朱砂峰。峰下有洞，洞中产朱砂。因此，人们也就把黄山温泉称为"朱砂泉"了。又传说黄山温泉每隔300多年要流一次朱砂红水。

到了宋代，宋代诗人朱彦，在他《游黄山》诗中高度评价说：

三十六峰高插天，瑶台琼宇贮神仙。

嵩阳若与黄山并，犹欠灵砂一道泉。

另外，据宋代黄山志《黄山图经》记载，传说中华民族的始祖轩辕黄帝曾在此沐浴，皱纹消除，返老还童，温泉因此名声大振，被称为"灵泉"。

后来在清朝王洪度所著《黄山领要录》中记载："天下泉不借硫而温者有三：骊山以矾石，安宁以碧玉，黄山以朱砂。"

在叠嶂峰下为松谷庵。松谷庵原名松谷草堂，始建于宋代，创建人为松谷道人张尹甫。后因年久失修毁废了。

存留下来的是后来明代重建的，并且改观为寺，名"松谷庵"。宁国知府罗汝芬题额"东土云山"4字。这里环境幽雅，景点甚多，石刻遍布。

过松谷庵，向北海清凉台进发，沿途要经过3个亭，称一道亭、二道亭、三道亭，海拔高度均在千米以上。

从松谷庵登山的第一亭位于轿顶峰，海拔1千米。山道逐步升高，视野随之开阔。当人攀上陡峭的悬崖，北望南天，其景又迥异于由南望北，只见那叠嶂峰峦，错落有致，相映成趣，宛如一幅幅绝妙的山水画，奇景天成。

其中有一幅像航海的观音，名为观音峰，有人又名其为美女峰。宝塔峻峭矗于云海之中，极似海域的灯塔。

再往前走便是二道亭。从二道亭向前仰视宝塔峰，可见峰下有一高耸的怪石，形状像是一个头戴古冠、身着道袍的仙人。

隔涧飞龙峰有一长方形石壁，悬挂峰头，似有字迹，人称"天榜"。仙人仰视"天榜"，若有所思，此即"仙人观榜"，其附近还有老人、八仙等。

过二道亭500米，磴道沿宝塔峰盘旋上升，陡峭险峻。传说此处原为悬崖，无法凿路，幸遇神仙降临，劈下半壁山峰。于是宝塔峰现于云端，崩岩填于险谷。人们依势过路，才形成了今天的磴道，故名"仙人铺路"。再继续向上攀登即达书箱峰畔的三道亭。

在三道亭小憩仰望，可见一石峰状如引颈欲啼的雄鸡，名鸡公峰，海拔1.5千米。与此峰隔谷相峙的另一奇峰，峰壁呈方格形，似古人用的书箱，再细看其皴裂，犹如一册书籍，人称此峰为"书箱峰"，海拔约1.4千米。

再回首望宝塔峰，峰上有3块巨石并列，如同3尊大佛像，非常壮观。而鸡公峰畔有两石相叠，形如羊、虎，名"老虎驮羊"。还有一块怪石像鹅，其下有许多圆形卵石，人称"小天鹅孵蛋"。

南边的上升峰腰有两怪石直立如人，上下相峙。上者石顶生奇松状若盔缨，形同气宇轩昂的武将。下者俨然是神色慌张、冠服不整的文官，由此，人们联想起《三国演义》中"关羽华容道挡曹操"的情节，名之为"关公挡曹"。这两块奇石形神俱备，非常有趣。

在三道弯附近赏景后继续登山，磴道在陡峭的峰壁上盘曲而上，道路更加陡峭，"之"字形盘道螺旋上升，这就是十八道弯。走完这段险道，就到了北海的清凉台。

从芙蓉岭进山，沿北路至北海，有石阶6500多级，相对高度1.1千米。一路上千峰竞秀，万壑争奇，巧石名潭，尤为佳妙。特别是山高林密，空气清新，确是名副其实的"清凉世界"。

在宋代，黄山还曾是一位丞相的读书处。在罗汉峰和香炉峰之间，海拔高度仅890米的地方，是一处地势较低、略显开阔的谷地。宋代丞相程元凤曾在此处读书，故名"丞相源"。

后来明代文士傅严漫游至此，应掷钵禅僧之求，手书"云谷"2字，此后禅院改名"云谷寺"，久而久之，云谷寺就成了地名了。

这里的主要景物有云谷山庄、古树、怪石、九龙瀑和百丈泉等。

云谷山庄坐落在苍松翠竹丛中，四周群山相抱，溪水同流，环境

　　幽静。既是一座宾馆，又是一处颇具典型的徽州古民居式建筑群体，楼宇错落有致，小青瓦、马头墙。山庄上侧百米处是登山石道，上可至北海，下可至九龙瀑和苦竹溪。

　　九龙瀑和百丈泉，连同温泉区的人字瀑，被称为黄山的三大瀑布。九龙瀑位于云谷西路下山处，瀑水源于天都、玉屏、炼丹诸峰，汇为云谷溪，然后在香炉、罗汉两峰之间的悬崖上奔流而下，长达300米，整条瀑布共分九折，一折一瀑，一瀑一潭，故名"九龙潭"，古诗这样描写了九龙瀑："飞泉不让匡庐瀑，峭壁撑天挂九龙。"

　　百丈泉位于云谷西路下山处，每当雨季，巨大的悬崖上，瀑水奔流，直泻百米，犹如白绢长垂，疑是银河落地，气势不同凡响。观瀑亭是观赏此瀑布的最佳处。

　　云谷的名贵古树有3棵，其中华东黄杉有500多年树龄，南方铁杉有800多年树龄。这两棵树均为常年绿叶乔木，树形雄伟壮观，气宇轩昂。这两棵树同有一种奇特现象，即同一棵树上长有两种枝干和两样叶子，既有针叶又有阔叶，一体两物，珠联璧合，别具雅趣。还有一棵是高大的银杏，树龄1000多年，高大茂盛，令人注目。

云谷的怪石有狮子抢球、琴石台和千古石等，在巨大的岩石上有多处石刻，如渐入佳境，妙从此始，醉吟通幽等。

狮子抢球在丞相源后溪中，是一巨石如雄狮，有石级可登狮背，其西有一大圆石，仿佛一个绣球。狮子虎视着前面的石球，似欲伸爪推动石球玩耍，故名。狮石上面刻有"已移我情"，下面刻有"王松入韵"。

在宋代，黄山还流传着很多的传说。在黄山天海的平天矼，有一块大石头，名为飞来石，为什么叫"飞来石"呢？传说这块石头是宋代的时候，从天外飞来的呢！

相传，宋代有个叫单福的石匠，一生给人家造成了不少桥，心想也在自己家乡门口的江上建造一座，但叹息没有帮手。他膝下只有一女叫小姣，长得聪明美丽。

　　小姣知道父亲的心思，便要求参加帮助干。但那深山采石，百里运石的苦和累，小女子怎么受得了，所以单福就是不答应。小姣跪在地上苦苦哀求，单福没奈何，才含泪点头。

　　单福还把3个徒弟找来帮忙，不久就干起来了。由于开山运石的苦和累实在难受，大徒弟和二徒弟先后悄悄地溜了。

　　单福和女儿、三徒弟为修桥铁了心，继续风里雨里苦干着。但好几年过去了，运到江边的石头只有一小堆，这样累死苦死，桥也建不起来。小姣一咬牙，请人写了"捐身修桥"4个大字，插了个草标，坐到江边石堆旁。

　　一连3天，来看的人无数，但望望滔滔江水，就都走了。这天，忽然来了个瘌子，身背一把扇子，摘了草标，问小姣愿不愿意跟他走，小姣回答说："什么时候把大山里的开采的石头全运到江边，就什么时候跟你走。"

这瘸子原来是八仙中的铁拐李。他挤出人群，腾云驾雾，很快来到百里外的大山，从背上拿下扇子，对着单福和三徒弟开出的石头就扇。石头竟都飞了起来，又纷纷都落在江边。

单福和三徒弟也被从山上扇到造桥工地。铁拐李还怕不够，又对身下立着的一块巨石扇了3扇子，他就站在那巨石上飞到江边。只见底下尽是人，未敢让巨石落下。又听单福大声说："石头够了！"

铁拐李便驾起云头，飘游起来，游到黄山，见黄山风景秀丽，便将石头落下。从此，这飞来石就给黄山增添了绝妙的一景。

到了明代，黄山的名声逐渐扩大，吸引了很多游者，除了众多诗人、文学家外，黄山还吸引明末著名地理学家、旅行家、探险家和散文家徐霞客先后游览过两次，相传"五岳归来不看山，黄山归来不看岳"就是徐霞客游黄山后写下的妙语。

在明末清初时期，黄山的名气更是日益高涨，这也归功于黄山的绘画艺术。明末清初形成的黄山画派以黄山为背景作画，驻足于黄山，潜心体味黄山真景，描绘黄山神妙绝伦的风景名胜。其中代表人物梅清、石涛、渐江更被称为黄山画派三巨子。

在清代关于黄山的茶，还流传着一个有趣的故事呢！

相传，一个风和日丽、春意盎然的日子，乾隆微服私访来到了黄山，到山脚下的时候已到了中午。忽然狂风骤起、云涛滚滚，大雨来临，乾隆急忙避到附近一座农舍旁的毛栅内。

正巧老妇开门出来，见一位神姿飘洒、容态超逸的客官在毛栅内避雨，便客气地把客官让进屋里，乾隆忙问："晴天白日，怎么下起大雨来，这雨何时能停？"

老妇答道："黄山的天气就是这样，云散雨停，要不到半个时辰，说不定太阳又要出来，看来客官有急事，我去为客官弄点吃的好赶路。"

乾隆帝见村妇举止有礼，连连拱手，说有劳大娘辛劳了。老妇转身进了厨房，忙到竹篓里寻找鸡蛋，一个也没有。忽然想起，前几天把10个鸡蛋给家养母鸡孵雏了。急忙从鸡窝中取出6个，想了一会，还不如一齐取出煮熟给客官充饥。

不一会，老妇笑容满面地端来鸡蛋边说："山里人没啥好招待，

这些鸡蛋还请客官包涵了。"

聪明的乾隆帝明白这位贤惠大娘的好意。大娘又去开汤冲泡一杯香茶，乾隆帝品茗着连声称赞："好茶！好茶！大娘，是何名茶，如此香甜爽口？"

大娘说："云雾茶！我家有片茶园在高山顶上，茶树终年在云飞雾裹中生长，黄芽鲜嫩，再用屋后常年不断的泉水，开汤冲泡，分外香甜，它能提神、明目。"

乾隆帝随口而出："御苑芬芳千万种，不及山中一缕清。"便挥手告别大娘的盛情厚意走出屋外，果真云散雨停，太阳又露脸了。

乾隆帝带着极好的心情畅游黄山。回到京城，常跟大臣们谈起黄山贤惠的大娘与云雾茶，从此以后在京城传为佳话。

知识点滴

苦竹溪在罗汉峰西侧。溪水出自洗药源。洗药源位钵盂峰下，又名"掷钵源"，源深30余里，传说有丞相隐居于此，俗名"丞相源"。丞相源水经九龙瀑注入苦竹溪

相传，苦竹溪原名"古迹溪"，溪边住着一位姑娘，爱上了一位小伙子。后来当地一财主看中这姑娘，便设下毒计将小伙子杀死，霸占姑娘。

姑娘悲痛欲绝，逃进竹林，在小伙子坟上哭得死去活来，心酸的泪水浸透坟土，滋润竹林，流进溪中。从此，这里的竹子、溪水都含有苦味，于是，古迹溪就被改名为"苦竹溪"。

江西庐山

　　庐山又称匡山、匡庐，位于江西北部，为三山五岳中三山之一。庐山多峭壁悬崖，瀑布飞泻，云雾缭绕。险峻与柔丽相济，以雄、奇、险、秀闻名于世，自古享有"匡庐奇秀甲天下"之盛誉，与鸡公山、北戴河、莫干山并称四大避暑胜地。

　　庐山山体呈椭圆形，绵延的90余座山峰，犹如九叠屏风，屏蔽着江西的北大门。巍峨挺拔的青峰秀峦、喷雪鸣雷的银泉飞瀑、瞬息万变的云海奇观、俊奇巧秀的园林建筑，一展庐山的无穷魅力。

奇巧灵秀的庐山美景

　　传说，早在周初时，有一位名叫匡俗的人，在一座大山中寻道求仙。他寻道求仙的事迹，为朝廷所获悉。于是，周天子屡次请他出山相助，但匡俗却屡次回避。

　　后来，匡俗为了不再被打扰，潜入了山林深处修炼仙道，人们就

再也找不到他了。后来有人说看到他飞升成仙了，于是人们就把匡俗求仙的地方称为"神仙之庐"，而这座山就称为庐山了。因为"成仙"的人姓匡，所以又称庐山为匡山，或匡庐。

庐山的山峰以雄、奇、险、秀闻名于世，素有"匡庐奇秀甲天下"之美誉，大江、大湖、大山浑然一体，雄奇险秀，刚柔并济，主峰大汉阳峰海拔约1.7千米，雄伟高大，气概非凡。其北还有一座小峰，故人们称主峰为大汉阳峰，小峰为小汉阳峰。

大汉阳峰顶上有一石砌平台，名汉阳台，相传在盘古时候，洪荒稽天，汉王曾在这里躲避洪祸。据说在此可夜观汉阳灯火，即或在白天，远望近览也颇令人心旷神怡。

庐山的奇山美景非常多，比较有名的有锦绣谷、大天池、龙首岩、石门涧、五老峰、黄龙潭和乌龙潭等。

锦绣谷是由大林峰与天池山交汇而成，为一段长约两公里的秀丽山谷。锦绣谷长约1千米，曲径盘空，云雾迷漫，峰回路转，步移景换。峰壑组合奇特，盘崖峭峙，典雅深幽，两边如斧劈刀削一般。锦绣谷内长满奇花异草，神采非同一般，这里四季花开，犹如锦绣，故有锦绣谷之名。

登上庐山西部海拔900米的天池山顶，即可来到大天池。这里南望九奇峰，下俯石门涧，东瞻佛手岩，西眺白云峰。两水萦回，四山豁朗。相传，释迦牟尼侍徒文殊曾经骑着青狮从五台山来此，见此峰峦叠翠，云雾袅袅，幽雅翠滴，认为是座人间仙山。

但是文殊在山上转了一圈以后，觉得缺一分秀水，于是文殊施展法力，双手插石，顿时土开石裂成两个旱坑，又施法力，引来灵水，所以人们称它为天池，而这个泉眼，称为神泉。山泽通气之时，池水

常冒出如珍珠般的气泡。

从大天池西南侧，循石阶下行数百米，便可见一崖拔地千尺，下临绝壑，孤悬空中，宛如苍龙昂首，飞舞天外，这就是龙首崖。

人们若从悬崖左边一石亭观看，龙首崖悬壁峭立，一石横亘其上，恰似苍龙昂首。崖下扎根石隙的几棵劲松，宛如龙须，微风吹拂，恰似龙须飘飞。

龙首崖是观云雾的好地方。每当大雾袭来，深涧峡谷中，云雾升腾，龙首崖如遨游在茫茫云海之中。人们站在岩上，有如腾云驾雾，云游太空，也似乘龙探海，嬉戏波涛。不多时，浓雾散去，晴空艳阳，满目青翠，远处峡谷，河流、田野、农庄清晰可辨。

在龙首崖上凭栏俯瞰石涧峡谷，可见悬索桥似的彩虹横卧，狮子岩、方印岩、文殊岩、清凉岩、万丈梯等诸多美景，奇石累累，姿态万千。

从龙首崖下去不远处，就可以到达石门涧。庐山石门涧位于庐山的西麓，素称庐山西大门。因天池山、铁船峰对峙如门，内有瀑布而得名。石门涧面对峰崖，隔涧箕立，结成危楼险阙。最窄处的"小石门"，两崖之间仅存一缝，人们入"门"必须侧身才能通过。

峡谷间，高崖悬流成瀑，深谷积水成湖。潜隐湖底的杂乱怪石与兀立溪涧的巨岩，沿涧巧布，成为"石台"，最大的一块光滑的磐石上可坐数十人，石上镌有"石门涧"3个大字。

过了大磐石，峡谷更加险峻，如剑插天尺，争雄竞秀。在这大断层中，桅杆峰与童子崖从涧底蠹箕直上，漓立咫尺，奇峰簇拥，迭峰屏立。削壁千仞的峰峦，上接霄汉，下临绝涧。真是奇峰奇石奇境界，惊耳惊目惊心魄，纵有鬼斧神功，也难劈此胜景。

由石门涧上来，步行一段路，便可到黄龙潭、乌龙潭。两潭相邻，各有千秋。

黄龙潭幽深、静谧，古木掩映的峡谷间，一道溪涧穿绕石垒而下，银色瀑布冲击成暗绿色的深潭。静坐潭边，听古道落叶、宿鸟鸣涧，自然升起远离尘世、超凡脱俗之感。大雨初过，隆隆不尽的闷雷回荡在密林之中。

乌龙潭原来并不是一个潭，而是由3个大小不一的潭渊组成，据古书中记载：

乌龙潭凡三潭，中、上两潭皆高数十百丈，下潭稍平夷。

潭水分五股从巨石隙缝中飞扬而下，短而有力，像是一把银锻的竖琴，日夜在拨动着琴弦。相传在很久很久以前，黄龙山谷中有桀骜不驯的黄、乌二龙时常争斗，引动山洪暴发，周围百姓无法安居乐业。

后来，彻空禅师云游至此，运用法力将二龙分别镇在黄龙潭、乌龙潭中。后来，乌龙潭上方的巨石上还镌着"降龙"两字。

五老峰地处庐山东南，因山的绝顶被垭口所断，分成并列的5座山峰，仰望俨若席地而坐的五位老翁，故人们便把这原出一山的5座山峰统称为"五老峰"。

五老峰海拔1.3千米，陡峭挺拔，根连鄱湖，峰接霄汉，奇峦秀色，驰誉天下。五老峰东南面绝壁千仞，陡不可攀，而西北坡地势较缓，人们可循小道爬坡登山。

登上五老峰，只见危岩削立，层崖断壁，天高地迥，万仞无倚。

站立山顶俯视山下峰峦，有的挺立如竿，有的壁立如屏，有的蹲踞如兽，有的飞舞如鸟，山势此起彼伏，犹如大海汹涌波涛。极目眺望，远处的城郭川原宛如盘中玉雕，鄱阳湖中来往的船帆尽收眼底。

倘若朝夕登峰极顶，则可见朝霞喷彩，落日熔金，色彩缤纷。有时山上天风乍起，白云四合，身埋雾中，霎时那蓝天、澄湖、远树、遥山统统迷藏在云雾里。

片刻云消雾散，头顶露出蓝天，云海逐渐消失，蓝空下鄱阳湖好像一面巨大明镜，把扬帆的船影映照得特别清晰。阳光里，几朵白云把五老峰衬托得更加雄奇，渲染得格外富有诗意。

有云雾时，它好像腾云驾雾的五仙翁，高高腾起于半空的云雾中。月光下，它衬托蓝天白云，俨如一朵仰天盛开的芙蓉花，格外鲜艳夺目。历代许多诗人名士来到五老峰，无不为这里的瑰丽景色所迷恋，留下了不少赞美的诗篇。

庐山不仅景色宜人，还盛产名茶，云雾茶就是其中的一种。关于云雾茶的由来，还有一段有趣的传说呢！

传说孙悟空在花果山当猴王时，常吃仙桃、瓜果、美酒。有一天，他忽然想起要尝尝玉皇大帝和王母娘娘喝过的仙茶，于是一个跟头上了天。孙悟空驾着祥云向下一望，见九州南国一片碧绿，仔细看时，竟是一片茶树。

此时正值金秋，茶树已结籽，可是孙悟空却不知如何采种。这时，天边飞来一群多情鸟，见到猴王后，问他要干什么。

孙悟空说："我那花果山虽好但没茶树，想采一些茶籽去，但不知如何采得？"

众鸟听后说："我们来帮你采种吧！"于是展开双翅，来到南国茶园里，一个个衔了茶籽，往花果山飞去。多情鸟嘴里衔着茶籽，穿云层，越高山，过大河，一直往前飞。

不料在飞过庐山上空时，巍巍庐山胜景把众鸟深深吸引住了，领头鸟竟情不自禁地唱起歌来。领头鸟一唱，其他鸟跟着唱和。鸟一张嘴，那些茶籽便从它们嘴里掉了下来，直掉进庐山群峰的岩隙之中。从此云雾缭绕的庐山便长出一棵棵茶树，出产清香袭人的云雾茶。

知识点滴

关于庐山名字的由来，还有一个传说，也是关于匡俗的。这个传说认为，匡俗的父亲为东野玉，曾经同都阳令吴芮一道，辅佐刘邦平定天下，东野玉不幸中途牺牲。为了表彰东野玉的功勋，朝廷封东野玉的儿子匡俗于鄡阳，号越庐君。

越庐君匡俗，一共有兄弟7人，他们都爱好道术，所以相约到鄱阳湖边大山里寻道求仙。后来，人们把越庐君兄弟们寻道求仙的山，称为庐山。

神话传说中的庐山奇峰

庐山的山水名扬天下，但传说庐山原来没有那么多山峰，那这些山峰又是怎么来的呢？关于这些山峰的由来，还有一个传说呢！

据说当年秦始皇统一六国之后，在全国征集了大批民工修筑万里长城。这些民工整日挑砖运土，面朝黄土背朝天，一个个叫苦不迭，怨声连天。

一日，黎山老母打坐在天宫，忽见一股怨气冲上云天，拨开云雾一看，见那些修筑长城的人，全被扁担压弯了腰，步履踉跄，苦不堪言。

黎山老母见他们委实可怜，不觉动了恻隐之心。她拿出一把红丝线，做起法术，喝一声：

"去"往下一抛，只见满天的红丝线，飘飘忽忽，随风降落，一根根系在民工挑土的扁担上。

说来也怪，这些红丝线一系在扁担上，百斤重担顿觉轻了很多。民工们挑得也轻了，跑得也快了，人人喜形于色，个个笑容满面。

这件事很快被秦始皇知道了。秦始皇想：是什么红丝线，竟有这般神通？看来一定不是凡间之物，肯定是仙家之宝了。于是下了一道圣旨，立即把这些红丝线全部收集来，另派用场。

圣旨一下，官员们不敢怠慢。当民工们晚上熟睡的时候，他们派人把扁担一根根收拢，把红丝线一条条解下，第二天送进了皇宫。

秦始皇看看这些红丝线，跟一般丝线同样粗细，并无两样。可是仔细一看，却见这些红丝线熠熠发光，用剑砍，砍不断。拿火烧，烧不烂，真是奇珍异宝啊！

秦始皇想：一根红丝线系在扁担上，都有如此威力，如果把红丝线全都拧在一起，岂不威力无比吗？于是，他选派几名能工巧匠，编啊，绞啊，一直编绞了三天三夜，编成了一根又长又粗的鞭子。秦始皇非常高兴，他要亲自试试这根神鞭的威力。

秦始皇前呼后拥地就来到庐山前，只见他手握神鞭，扬手一挥，"呼！"带起一阵狂风，紧接着山崩地裂一声响，顷刻间走石飞沙，那神鞭抽到的地方，就像斧劈刀砍一样，把庐山劈去了一半了。

秦始皇又惊又喜，这真是一条赶山鞭啊！我何不赶着山去填东海呢？也好让普天下的人都知道我的威风！秦始皇这么一想，就一连摔了九十九鞭，把庐山劈成了九十九个包，九十九个洼，变成了九十九座奇峰，九十九个险谷，想要赶着庐山往东海方向去。

这一来，东海龙王可慌了手脚啦！他急冲冲出了龙宫，登上天廷，奏知玉皇大帝，说秦始皇要赶山填海，毁他的老巢，请旨定夺。玉皇一听，啊！有这等事？当即传旨，命龙王的女儿三公主去阻止秦始皇赶山填海。

三公主聪明能干，法力无穷。她领了法旨，知道不能力敌，只能智取，当即摇身一变，变成了一位村姑，在山边摆起了一个茶摊。

秦始皇忽见山边高高地悬挂着一个斗大的"茶"字，飘出阵阵清香，原来是一个茶摊。秦始皇握着赶山神鞭，来到了茶摊，一看，只见那卖茶的村姑，一头乌黑油亮的披肩长发，一双黑宝石似的大眼，再配上一张樱桃小嘴，一笑一对酒窝儿，真是如花似玉，赛过天仙。

秦始皇看得发呆了，心想：我这三宫六院，七十二妃，与她相比，全都逊色了呀！

秦始皇真是一见倾心啊！在这时，三公主又对着她回眸一笑，招呼道："客官，想必是要喝茶吧，请坐，请坐！"

三公主这一笑一招呼，更使秦始皇神魂飘荡，他喜滋滋地坐了下来，两只眼睛盯着三公主，舍不得移开。三公主却满脸含笑，殷勤相待，给他沏了一杯香茶，说："村野山茶，客官请勿见笑！"

秦始皇慌忙品尝了一口，连声说："好茶，好茶!请问姑娘姓甚名谁，为何独自一人在此卖茶？"

三公主见问，脸上顿生愁云，答道："奴家名叫海姑，家住在南山之下，只因为家境贫寒，生活所迫，不得已才在此抛头露面，卖茶糊口。"

秦始皇一听，心里更加高兴，便说："我是当今皇上，你只要随我进宫，保管你穿的是绫罗绸缎，吃的是山珍海味！"

三公主一听，故作惊讶之色，继而又摇了摇头。秦始皇一看，急了，忙说："我还可以给你造一座最美丽的宫殿，任你游玩消遣！"

三公主还是摇了摇头。秦始皇更加着急，又说："我的美人儿，你究竟要什么呢？只要你抹掉脸上的愁云，露出笑容，要什么我都给你，你快开口吧，不要急杀孤王了。"

三公主见秦始皇总是握着那根赶山神鞭，一刻也不松手，便心生一计，说："万岁所说是真？"

秦始皇说："有道是君无虚言。"

三公主急忙跪倒在地说："谢主隆恩！"

秦始皇喜不自胜，慌忙丢下赶山神鞭，双手把三公主搀扶起来，说："美人儿，你需要什么，快说吧，孤王全都给你。"

三公主见秦始皇丢下了赶山神鞭，心里暗自高兴，她趁秦始皇不备，瞅个空儿，"唰！"地一把就夺过了赶山神鞭，说："我要的就

是它！"

三公主说完，"呼！"的一声化作一阵清风，回东海龙宫向父王复命去了。秦始皇丢了赶山神鞭，再也不能赶山了。被秦始皇九十九鞭抽打出来的九十九个坡，九十九个洼，也就成了后来庐山的九十九座奇峰，九十九条险谷，显得分外巍峨壮丽。

秦始皇不见了三公主，心里还是十分想念着。他登上庐山去寻找，踏遍了山山岭岭，跨过了险谷深沟，也没见到三公主的身影，就坐在马耳峰下的巨石上休息。

秦始皇的心里思念三公主，又站起来开始爬山，他攀上九奇峰，一直登上了高山绝顶大汉阳峰，找啊，找啊，还是找不到他思念的三公主。秦始皇站在汉阳峰顶，极目遥望，但见云天相隔，白雾茫茫，不觉满腹相思，万分悲切，禁不住流下了眼泪。无奈，只好失望地回京城去。

后来，秦始皇在马耳峰下坐过的那块巨石，被人们称为"秦皇石"。秦始皇在攀山时洒下的汗水，化成了九奇峰下的喷泉。他在汉阳峰顶淌下的眼泪，流向西南的，变成了有名的庐山瀑布，向东流去的，则汇成了有名的"三叠泉"了。

三叠泉位于五老峰下，飞瀑流经的峭壁有三级，溪水分三叠泉飞泻而下，落差155米，极为壮观，撼人心魄，故名三叠泉。

三叠泉的每一叠都各具特色。一叠直垂，水从20多米的巅其背上一倾而下。二叠弯曲，直入潭中。

站在第三叠抬头仰望，三叠泉抛珠溅玉，宛如白鹭千羽，上下争飞。又如百副冰绡，抖腾长空，万斛明珠，九天飞洒。

如果是暮春初夏多雨季节，飞瀑如发怒的玉龙，冲破青天，凌空飞下，雷声轰鸣，令人叹为观止，故有"不到三叠泉，不算庐山客"之说。

知识点滴

关于庐山和秦始皇，还有这样一个传说呢。相传秦始皇得到的神鞭是南海观音遗失的，秦始皇用神鞭将山赶到了鄱阳湖畔的时候，天已经黑了，他决定第二天再赶山下海。哪知当夜失去神鞭的南海观音闻讯赶到，乘秦始皇酣睡之时，换走了神鞭。

第二天，秦始皇举鞭赶山下海，可山岿然不动，他一连抽九十九鞭，直打得那山满身鞭痕，可仍纹丝不动地屹立在原地。秦始皇无可奈何，只得将鞭子扔下，回京都去了。从此，那山便在鄱阳湖畔扎下了根，成为了庐山。

秦始皇抽的九十九条鞭痕，变成九十九道锦乡深谷，他扔下的赶山鞭，变成了龙首崖外高耸入云的桅杆峰，他那满身流淌的汗水，化作银泉飞瀑了。

宗教文化和诗词古韵

在与龙首崖隔涧相望的地方，有一个高峰矗立，似巨舰昂首，人们称它为铁船峰，俗称"桅杆石"。

相传，东晋大将军王敦，军事大权在握，欲篡夺帝位。一天，王敦在建康邀请道教祖师许逊和他的随从等人，共同饮酒作乐。席间，王敦让人给他释梦。

王敦说他昨晚梦一木破天，问是否吉祥？

许逊等人知其用心，便释说："木上破天，乃未字，公欲用刀兵，不可轻举妄动。"

王敦听后不悦，暗起杀心。许逊等人也已料到，遂乘船逃走。船行至江中，王敦果然派兵追来，幸好许逊学有法术，呼来二龙挟船并飞，并告诫众人紧闭双目，不得窥视。

当船飞临庐山紫霄峰上空时，云雾迷漫，船底擦着树梢沙沙作响。此时，船上的人感到奇怪，就偷偷去看个究竟。看到有人偷窥，二龙突然离去，船随即坠于紫霄峰下的石门洞旁，而化为铁船峰。

虽然这个传说，带有明显的神话色彩，但它却给铁船峰这一景观增加了传奇色彩，使铁船峰更加扬名天下。

在东晋，佛教的净土宗也在庐山诞生了。慧远于381年奉东晋名僧道安之命，沿襄阳、荆州东下，来到庐山宣扬佛法，时年47岁。后来，于384年在庐山创建东林寺，自此一住30余年，直到离开人世。

东林寺坐落于庐山西麓，椽摩栋接，丹辉碧映，"规模宏远，足称万僧之居"，是我国佛教八大道场之一。再加上庐山沟壑纵横，云雾缭绕，绿树掩映，曲径通幽。

这山水和建筑相呼应的场景，在慧远心中形成了一个奇幻的境界。慧远善诗会文，在庐山的漫长的岁月中，他留下了许多作品，后来仅存《庐山东林杂诗》《庐山记》等。

慧远题咏庐山的诗，是后来保存下来有关庐山的诗篇中最早的作品。其中，有一首五言诗《游庐山》为历代文人所推崇。全诗道：

崇岩吐清气，幽岫栖神迹。

希声奏群籁，响出山溜滴。

有客独冥游，径然忘所适。

挥手抚云门，灵关安足辟。

流心叩玄扃，感至理弗隔。
熟是腾飞霄，不奋冲天翮。
妙同趣自均，一悟超三益。

东林寺不仅历史悠久，而且景物优美。群山环抱，溪水回流的东林寺，寺南翠屏千仞，寺前一泓清流虎溪迂回向西而去，溪上跨着一座石砌拱桥，这就是我国文化史上传为佳话的"虎溪三笑"故事发生的地方虎溪桥。

据传，慧远和尚来东林寺后，"影不出山，迹不出俗"，一心修行，连送客也未曾过虎溪桥，若是过了桥，山上的神虎就要吼叫。

一天，慧远送陶渊明与陆修静，三人携手边走边谈，越谈越开心，不觉过了石桥，谁知没走几步，山上的神虎便吼叫不止。他们这才恍然大悟，三人相视仰天大笑，惜别分手。这就是广为流传的文苑佳话"虎溪三笑"。

过了虎溪桥，北行约百余米为第一道山门，门墙书有"秀辑庐峰"4个篆体大字，山门上竖挂着"晋建东林寺"石刻。

　　跨进第一道山门有一条南北伸展的石砌甬道，甬道东侧屹立着一棵苍劲挺拔，形如圆盖的罗汉松，其旁立着刻有"护法殿"，正中盘坐的大肚弥勒佛。

　　由此再往里走，可见一排正殿。其中究其精巧壮观者首推"神运宝殿"，它殿堂高大，精雕细镂，廊腰缦回，檐牙高啄。殿内有一口神话传说中出木建寺的"出木池"。据传，神运宝殿就是用出木池中涌出的良木建造而成的。

　　神运殿西侧是接待室，东面是三知堂。与三笑堂毗连的为"十八高贤"影堂，是慧远与共修净土的18位佛教徒结白莲社诵经的地方，故亦称"念佛堂"。

　　堂内西壁嵌有刘程之、雷次示、高僧慧远、梵僧佛驮跋陀罗等"十八高贤"石刻像。雕塑精细，形象逼真，个性鲜明，神态各异，栩栩如生。

　　在十八高贤影堂和神运殿后有两口水泉。一口叫聪明泉，是慧远与其好友殷仲堪经常一起研究《易经》，谈天说地的地方。

　　另一口是在文殊阁下墙根处的古龙泉，相传为慧远和尚举杖扣地而成的水泉，后因其弟子慧安为计时立芙蓉12叶于泉水中，据波转定12个时辰，故亦称莲花漏。

　　东林寺西的山丘上，还有东方佛教"净土宗"的始祖慧远墓塔荔枝塔。

　　庐山文殊台也是始建于东晋。文殊台下有石突出，象角如虚凌霄，叫"凌霄石"。上面建有一亭，号"老母亭"，因为庐山民间又叫黎山，说是黎山老母修行的地方。此亭，也称聚仙亭。

　　文殊台倚于天池山的西边，临壑而建，顶端平面呈半月形，左旁垒有上台石阶，沿台石叠护栏，下有石室五楹。据说后人为了表示对文殊以其双手插石成天池的纪念，而专门立台供"文殊菩萨"像予以纪念。

又传文殊骑着青狮空临俯见此山秀丽，惊喜之余不慎跌下，臀部落地印一半月痕迹，文殊随即就地朝天拜日，后人按照印痕围砌了一石台，故也称拜日台。

文殊台的周围环境雅致，树木茂盛，令人产生"不登此台，不穷此胜"之慨。若是登临顶端，眼前峰峦耸立，田畴锦绣，远处青山在望，平地渺渺，仰观白云蓝天，泛媚雅然。俯视翠谷清涧，深深幽幽，富有野趣。

随着时间的流逝，庐山的美景渐渐被人们所熟悉，在东晋，庐山的美景开始出现在文人墨客的诗词创作中。

东晋时期，文学界一改过去为宣扬儒学政教而强寓训勉的面貌，开始去追求美的载体，美的源泉，美的情怀。由于这种演变，"峻伟诡特"的庐山，便成为山水诗的讴歌对象，受到文人骚客的青睐。

首先关注庐山的是山水诗人谢灵运。他出身于东晋最显赫的士族家庭。当时，诗坛还处在"庄老告退，而山水方滋"的阶段。

寻觅山魂水魄及其雄浑深厚的底蕴，以抒发崇尚自然的文化情感，是当时文人极为困惑和迫切追求与探索的难题。谢灵运正于此时来到了庐山。

好山泽之游的谢灵运，来到庐山，登上绝顶，放眼四顾，灵感飞来，题咏了《登庐山绝顶望诸峤》一诗：

山行非有期，弥远不能辍。
但欲淹昏旦，遂复经圆缺。
积峡忽复启，平途俄已绝。
峦垅有合沓，往来无踪辙。
昼夜蔽日月，冬夏共霜雪。

在诗中，谢灵运对庐山自然山水的高度敏感和刻画再造，使之成

为精美的诗歌意象。

正是这种既富于对自然山水的兴趣，又强烈地显露人生精神的融合，使山水诗有了灵魂，有了生命，有了活力，有了高品位的蕴涵，才使其成为我国古典诗歌中最重要的流派之一。也因此，庐山成为这个诗歌流派的重要载体之一。

在东晋，著名诗人陶渊明也选择庐山作为自己的归隐之地。

365年，陶渊明诞生于庐山脚下，他少年丧父，家境贫寒。陶渊明后虽五进仕门，却都因"有志不获聘"，官场与自己淳真的禀性不相融，自己又难以曲意奉迎。

从他的"云无心以出岫，鸟倦飞而知还"的诗句中就可以看出，陶渊明一直眷恋着庐山的奇峰异水，最终他还是离开了仕门，择庐山而隐。

陶渊明归隐处，即后来星子县白鹿乡的玉京山麓磨盘岭附近。这里背依庐山，面向鄱阳湖。既可赏群峰嵯峨，又能观平湖浩渺，有良田可劳作，通舟楫之便利。

陶渊明在此得到身心的放松。从他的诗作《归园田居五首》和《归去来兮辞》中反映出他的心情是那样潇洒，那么豪放不羁，令人尊崇！他所开创的田园诗风，影响了以后的整个中国诗坛，庐山由此为田园诗的诞生地。

然而，陶渊明虽然写过许多关于庐山的诗，却没有一回写下"庐

山"两字。他对庐山似乎十分苛刻，只是用"南山""南岳""南阜"和"西山"等代称庐山。这大概和当时人们对庐山的称呼有关。

410年，晋安郡长史殷景仁来浔阳，与陶渊明为邻。陶渊明当时居于浔阳城内，正因为他居于浔阳城内，才容易按照此城里人的习惯，称庐山为"南山"，也才会信口吟出"采菊东篱下，悠然见南山"之句。

陶渊明诗中的庐山其他"南岳""南阜"和"西山"称呼大概也和南山相仿。但不管如何，在陶渊明的诗中只字未提庐山，这令后来生活在庐山的人们感到一些遗憾。

知识点滴

关于庐山的文殊台，还有一个传说。传说当时天尊、地藏王和文殊都想在庐山建寺，可是天尊和地藏来到庐山却发现文殊抢了先，已经在这里占山建寺。天尊和地藏不愿意了，吵着也要在玉屏峰建庙。

文殊说："我坐在这玉屏峰前的悬崖上，你们若能把我拉得起来，我情愿把这座仙山让与二位。"只见天尊和地藏各挽着文殊的一只手臂往上拉，这时一位香客看见了，高声笑道："想不到，你们菩萨也这样你争我抢呀！"

3个菩萨听了，不禁脸红逃走了，当文殊还在拼命把身子往下坠时，他俩突然松手，文殊便跌坐在了悬崖上，连岩石也陷下去一个印痕，就像座椅一样。玉屏峰前的这块悬崖，就是如今的"文殊台"，那文殊跌坐下去的岩石，就是"文殊座"。

升仙故事和书院建筑

　　仙人洞位于庐山天池山西麓，因其形似佛手，故名佛手岩。这里的飞岩可栖身，清泉可以洗心，俯视山外，白云茫茫，江流苍苍，颇有远离尘世的感觉，是道教的福地洞天。

　　相传，唐代名道吕洞宾曾在此洞中修炼，直至成仙。后人为奉祠

吕洞宾，将佛手岩更名为仙人洞。

在仙人洞进口处，为一圆形石门。门上方正中镌刻"仙人洞"3字。左右刻有对联道：

仙踪渺黄鹤；

人事忆白莲。

入圆门便见一大巨石横卧山中，宛若一只大蟾蜍伸腿欲跃，人称"蟾蜍石"。

石上有一株苍松，名石松。石松凌空展开两条绿臂，作拥抱态。其枝枝叶叶，密密层层，蓊蓊郁郁，生机盎然，其根须裸露，却能迎风挺立，千百年不倒，充分显示了庐山松特有的坚强不屈的性格，堪称庐山匡山一奇景。松下石面镌刻有"纵览云飞"4个大字，传为诗人

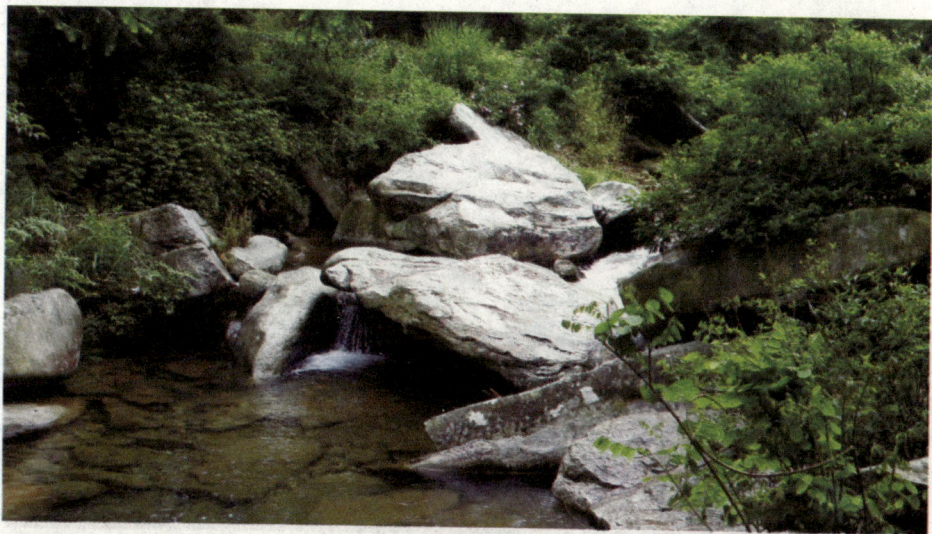

陈三立所书。

　　顺石径小道逶迤而下，苍翠崖壁间一岩洞豁然中开，洞高约7米，深约14米。洞壁冰岩麻皱，横斜错落，清晰地记载着它那漫长的岁月，这就是仙人洞。洞内有一石制殿阁纯阳殿。殿内立吕洞宾身背宝剑的雕像。两旁有两副对联，一联道：

　　　　　称师亦称祖；
　　　　　是道仍是儒。

　　另一联道：

　　　　　古洞千年灵异；
　　　　　岳阳三醉神仙。

　　洞穴最深处，有两道泉水沿石而降，滴入天然石窨中，叮咚有

声，悦耳动听。这便是《后汉书》上记载的千年不竭的"一滴泉"。

石窖外用石板石柱构成护栏。石柱上镌刻"山高水滴千秋不断，石上清泉万古长流"的对联。泉水清澈晶莹，其味甘美。

此处青峰与奇岩竞秀，碧泉与幽洞争妍。绕洞的云雾，时而浓如泼墨，时而淡似青烟，变幻多姿。洞旁苍色的山岩下，依山临壑建有一栋斗拱彩绘、飞檐凌空的殿阁，名老君殿。殿为歇山式单层建筑，整个建筑显得庄重而又轻巧。

庐山不仅山水名扬天下，山上的人文建筑也为历代文人墨客所称道，庐山上的东林寺就是其中之一。

唐代诗人杜牧曾经游览过庐山，并在其作品中提到了东林寺。他在他的《行经庐山东林寺》中这样写道：

离魂断续楚江堧，叶坠初红十月天。
紫陌事多难暂息，青山常在好闲眼。
方趋上国期干禄，未得空堂学坐禅。

他岁若教为范蠡，也应须入五湖烟。

到了817年初夏的一天，白居易来到庐山，写下了《大林寺桃花》这首诗，诗中写道：

人间四月芳菲尽，山寺桃花始盛开。
长恨春归无觅处，不知转入此中来。

这首七绝是一首纪游诗，诗意是说初夏时节诗人来到大林寺，山下四月已是大地春回，芳菲已尽的时候了，但不期在高山古寺之中，又遇上了意想不到的春景，一片盛开的桃花。

山上的人文建筑除了东林寺和大林寺还有白鹿洞书院。

白鹿洞书院位于庐山五老峰东南，建筑面积为3800平方米。山环水合，幽静清邃。书院始于唐代。据说，唐代诗人李渤隐居这里读书，养一白鹿自娱，人称白鹿先生。后来，李渤任江州刺史时，便在这里筑台榭，植花木。

到了940年，南唐政权在李渤隐居的地方建立学馆，称"庐山国学"，又称"白鹿国学"。这是一所与金陵国子监相类似的高等学府。

到了宋代，江州的乡贤明起等人，在白鹿洞办起了书院，"白鹿洞书院"之名从此开始，但不久即废。之后，宋代著名理学家朱熹不仅重修了白鹿洞书院，而且还建立了严格的书院规章制度。从此，白鹿洞书院开始扬名国内。

自朱熹之后，白鹿洞书院"一时文风士习之盛济济焉，彬彬焉"，成为了宋代传习理学的重要场所。

存留下来的白鹿书院建筑群，建筑体均坐北朝南，石木或砖木结构，屋顶均为人字形硬山顶，颇具清雅淡泊之气。白鹿洞书院坐落在贯道溪旁，有棂星门、泮池、礼圣门、礼圣殿、朱子祠、白鹿洞、御书阁等主要建筑。

其中礼圣殿是书院中等级最高的建筑物，歇山重檐、翼角高翘，回廊环绕，但与一般文庙大成殿有所不同，而是青瓦粉墙，使这座恢宏、庄严的殿堂，又显出几分清幽和肃穆，与四周坡屋面、硬山造带有民间风格的建筑和谐、协调。在礼圣殿的石墙上，嵌有石碑和孔子画像石刻。

礼圣殿东侧的朱子祠是为纪念朱熹而建。朱子祠后有一石洞，内有一头石雕的白鹿。白鹿洞原是以山峰环合似洞而得名，存留下来的石洞和石鹿，是后来明代修凿的。

在朱子祠之东厢，设有碑廊，内嵌宋至明清古碑120余通，这是后来为保存文物古迹而新建的。在这些古代碑刻中，有朱熹的手书真迹，也有署为紫霞真人的明代状元罗洪先的《游白鹿洞歌》。

这些名迹，笔锋庄重遒劲，运笔犹若游龙。它们既是弥足珍贵的书法艺术品，又是具有研究价值的重要历史资料。

在朱子祠前，与礼圣殿并列的是一座两层楼阁，即"御书阁"。阁前有桂树两棵，相传是朱熹手植。这里古树浓荫，阳光穿过树隙在地面上洒下斑驳的小光圈，风吹树动，光影摇晃，有如微波荡漾的湖水，显得环境清幽，风景宜人。

在棂星门西北隅，不仅有曲径通幽、山石林泉之美，而且还有"钓矶石""漱石""鹿眠场"和"流杯池"诸胜迹。在漱石和流杯池上，均因有朱熹手书"漱石""流杯池"石刻而得名。

"鹿眠场"相传唐代诗人李渤饲养的白鹿就睡在这里。而钓矶石上，也刻有朱熹的手书"钓台"两字。据说当年朱熹常在此垂钓，实

际上这里水浅泉碧流急，很少有鱼，故后来明代刘世扬又在石上加刻"意不在鱼"4字，可谓中的之妙语。

白鹿洞书院拥有的山林保存了庐山的原始森林和原生植被，有千年古松18棵，有柳杉、水杉、紫荆、红枫、银杏、广玉兰、珍珠黄杨、红叶继木等珍稀植物。山上林木葱茏，山下流水潺潺，这是白鹿洞书院拥有的一份自然遗产。白鹿洞书院融于大自然之中，占尽了自然风光之美。

白鹿洞书院环境优美，风光如画，门前贯道溪上的拱桥和桥头矶上的小亭与碧水青山相映生辉，成为古道来书院的前奏，成为书院的标志和景观。

知识点滴

庐山白鹿洞书院碑刻数量之多，内容之广，书法之精，在全国除收藏碑刻为主的文保单位外是罕见的。这些碑刻是白鹿洞书院的史书，真实地记录了书院的兴衰和活动，从史料上充实和丰富了白鹿洞书院的文化内涵，体现了书院文化的特色，具有重大的研究价值。

白鹿洞山水间的摩崖题刻，是历代文人寄情题咏留下的墨迹，为自然景色带来了人文的、书院的气息。这些摩崖题刻集文学、书法于一体，具有吟咏和观赏价值，引人入胜，耐人品味。一块碑刻，一方摩崖，都与白鹿洞书院的历史和文化分不开，是白鹿洞书院文化遗产重要的组成部分。

遍布名人足迹的庐山

宋代大文学家苏轼曾经由黄州贬赴汝州任团练副使，在赴任途中，经过九江，曾游览庐山。他饱览了山南的秀丽景色，又转到北麓，来游西林寺。

西林寺位于庐山香谷之南，东林寺以西，是一座晋朝所建的著名古刹。西林寺的住持僧常总老和尚，听说苏学士来访，慌忙出来

相迎，并亲自引导苏轼参观寺庙，逐殿逐阁作详细介绍。

常总老和尚陪伴着苏轼穿过钟鼓楼，到了藏经阁，又来到正殿。这里有重阁7间，层层叠叠，殿宇庑廊，金光灿灿，所有梁柱全用楠木制成，笔直苍劲，高大雄伟。

常总老和尚指着正殿的一角，饶有兴趣地对客人说："据说当年建寺的时候，正殿的这个角忽然向南倾斜了1米，当时众僧都急得手脚无措。不料，此时从石门涧猛然刮来一阵狂风，吹得飞沙走石，双眼难睁。待到狂风过后，众僧睁眼一看，怪了，歪斜的一角居然给吹正了。人们说这是神仙相助，便把这个正殿取名为神运殿。"

苏轼听罢哈哈大笑，他也听人说常总和尚打坐的地方，金光满座，奇香四溢，便问："听说你是剑州尤氏之子，是真的吗？"

常总老和尚点点头说："是的。"

苏轼又打趣地说："据外人所传，你母亲生你的时候，曾梦见金人授予一朵白莲花，才生下了你，也是真的吗？"

常总老和尚也笑笑说："苏轼居士，这我可说不清，得问我的母亲才知道啊！"

俩人谈笑间出了寺庙，来到长舌溪边，在凉亭内站定，苏轼对这个奇怪的溪名很有兴趣，问："为什么叫长舌溪呢？"

常总老和尚说："因为溪水声声不断，不绝于耳，所以便叫长舌溪。"

苏轼会意地微微点头，忽然又想起一件事，又问："西林为慧远所居，听说他的墓就在这里？"

"不错，我带你去看看吧！"

常总老和尚说完就领着苏东坡，沿着西林塔往南行，在桥下村之西，筷下村以东，两村间有一石砌的圆形墓，常总老和尚说："这就是慧远之墓。"

"啊！"苏东坡默默无语，在墓前站立良久。

常总老和尚怕他累了，说："苏学士，回禅堂稍息片刻吧！"

苏轼随常总老和尚返回西林寺，快到寺前，他抬头往前一看，只见横在眼前的庐山，巍峨峥嵘，逶迤不断。

苏轼顿时感到游兴倍增，又快步绕到侧面看时，果然又是一番奇景，但见那一座座刀削似的山峰，平地拔起，直插云天，壮丽无比，真不愧是千古名山啊！

苏轼抑制不住地对常总老和尚赞叹说："西林寺建在此处，确是一块宝地呀！"

两人又进了寺门，准备到禅堂品茶休息。在路过一堵墙壁时，见壁上写着许许多多的诗句，苏轼不禁放慢了脚步，徘徊在题诗壁下，逐一欣赏起诗中的佳句来。

常总老和尚早知这位苏学士学富才高，如今见他诗情奔放，心想：不如请苏学士题诗一首，岂非一大快事，便说："恕我冒昧，敢请苏学士也题诗一首，以助雅兴！"

苏轼寺里寺外，一路行来，不无感受，听常总长老一说，也就欣然命笔。只见他卷起袖子，提起羊毫，饱蘸浓墨，在西林壁上题了一首诗：

横看成岭侧成峰，远近高低各不同。
不识庐山真面目，只缘身在此山中。

《题西林壁》是游观庐山后的总结，它描写了庐山变化多姿的面貌，并借景说理，指出观察问题应客观全面，如果主观片面，就得不出正确的结论。

开头两句"横看成岭侧成峰，远近高低各不同"，实写游山所见。庐山是座丘壑纵横、峰峦起伏的大山，游人所处的位置不同，看到的景物也各不相同。这两句概括而形象地写出了移步换景、千姿万态的庐山风景。

后两句"不识庐山真面目，只缘身在此山中"，是借景说理，谈游山的体会。

为什么不能辨认庐山的真实面目呢？因为身在庐山之中，视野为庐山的峰峦所局限，看到的只是庐山的一峰一岭一丘一壑的局部而已，这必然带有片面性。游山所见如此，观察世上事物也常如此。

这是一首哲理诗，但诗人不是抽象地发表议论，而是紧紧扣住游山谈出自己独特的感受，借助庐山的形象，用通俗的语言深入浅出地

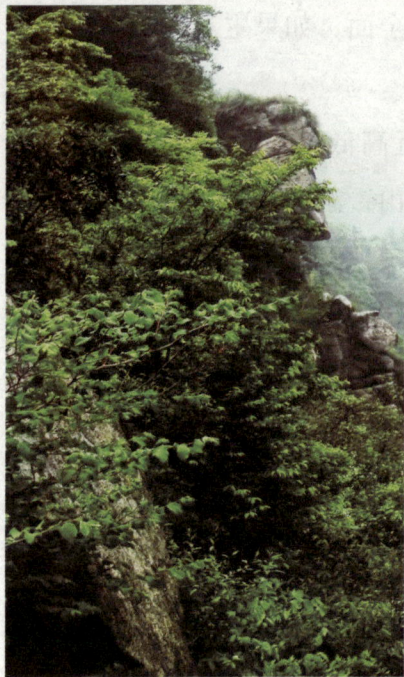

表达哲理，故而亲切自然，耐人寻味。

据说当时，常总老和尚正给他托着砚台，屏住呼吸，看着他一字一句地写下来，直到苏轼写完最后一个字时，常总老和尚惊得险些失手丢掉砚台呢!真是字字珠玑，千古绝句啊!不禁脱口称赞道："妙哉!妙哉!"

就这样，这首脍炙人口的好诗诞生了。后来一直为人们所推崇，成了传世佳作。

在宋代，著名哲学家周敦颐非常喜欢庐山的美景，所以在庐山建造了书院，辞官在此讲学了。

周敦颐曾在江西和两广等地当过30多年的地方官吏，有一定的成就，同时他也是宋明理学的创始人。

1061年，43岁的周敦颐由四川合州视事，迁国子博士，通判虔州。他途经江州，为庐山的风光所吸引，遂有卜居之志。

到了1071年，周敦颐上表朝廷，要求到南康任职，以便就近到庐山憩息。他的要求很快得到了朝廷的同意。周敦颐在南康任职期间，经常到庐山上下漫游。他喜爱庐山北麓莲花峰一带的清雅环境。尤为喜爱从莲花洞流出的一股清泉，"洁清绀寒，合于溢江"。

周敦颐来到南康的第二年，就要求朝廷为他解除印绶，以便在濂溪书堂定居讲学。人们就称他濂溪先生。他讲学之所，名为濂溪书院。

周敦颐撰写的《濂溪书堂》一诗，表达了他对庐山真挚感情和他所述的淡泊的隐居讲学生活的感受：

田间有流水，清沁出山心。

山心无尘土，白石磷磷沉。

潺湲来数里，到此始沉深。

芋蔬可卒岁，绢布足衣衾。

饱暖大富贵，康宁无价金。

吾乐盖易足，名濂朝暮箴。

周敦颐除了在书院讲学以外，即潜心著作，留下来的除诗文以外，还有《太极图说》和《通书》等数种，后人编为《周子大全》。

周敦颐酷爱雅丽端庄、清幽玉洁的莲花，曾于知南康军时，在府署东侧挖池种莲，名为爱莲池，池宽30余米，中间有一石台，台上有六角亭，两侧有"之"字桥。他盛夏常漫步池畔，欣赏着缕缕清香和随风飘逸的莲花，口诵《爱莲说》。自此莲池名震遐迩。

后来，南宋杰出的将

领岳飞也和庐山结下了不解之缘。岳飞本是河南汤阴人，他曾于1131至1134年随军驻于庐山脚下的江州。

就在这段时间，岳飞数游庐山，后来他在一首赠庐山东林寺寺主慧海和尚的诗中，概括了他在这个时期的生活和思想。他写道：

溢浦庐山几度秋，长江万折向东流。

男儿立志扶王室，对主专征灭虏首。

功业要刊燕石上，归休终作赤松游。

殷勤寄语东林老，莲社从今着力修。

这首诗表达了岳飞想要在年老之时隐居在庐山的强烈愿望。

知识点滴

1989年，来自台湾的觉海法师回大陆探亲。她不顾年逾古稀，亲赴东林寺竭见果一法师，言其不忍看到西林寺荒圮冷落，发愿要重建西林寺。觉海法师的想法立即得到九江市各级政府部门及佛教界人士的一致赞同。

觉海法师于台湾临济寺出家。在立志重建西林道场后，变卖在台产业，历经7年独资新建西林寺，并立下规矩：不化缘，不攀缘，不求援，不赶经忏。在重建期间，觉海法师不辞千辛万苦，夜以继日，精心筹划，自行设计，自行施工，日夜在工地督检质量，采购运输材料。如今西林寺巍峨屹立于庐山上，重放异彩，觉海法师终于了却了自己的心愿。

富含传奇色彩的庐山

元朝末年，朱元璋与陈友谅在鄱阳湖一带大战，开初各有胜败。

有一次，朱元璋被陈友谅打得大败，一直逃到了庐山，眼看追兵就要赶上，忽然，在竹林深处出现了一座古庙。

朱元璋近前一看，见山门上有破旧不堪的"竹影寺"3个字，便赶紧藏进庙里。等陈友谅的兵马赶到，只见山谷中烟雾弥漫，根本不知

朱元璋的去向。陈友谅搜索了半天也不见踪影，只好悻悻地走了。

朱元璋在庙里只听得外面人喊马嘶，却不见有人进庙里来，觉得非常奇怪。过了好一会，看见追兵往山下赶去，他才放心了，打算休息一下再走。

这时，从庙里走出位老和尚来，手里捧着一本化缘簿向朱元璋化缘。朱元璋接过那本化缘簿一看，只见上面写着历代帝王的姓名，自汉朝开始，有刘彻捐银一万两、孙权捐银两万两、李世民捐银三万两等。朱元璋看着，心道：真是个贪僧，我登帝位后，一定要把他杀了。但一想，这老和尚以此簿向自己化缘，分明是暗示自己也有帝王之相，心中又有几分高兴。当即向和尚要了笔，在此化缘簿上写下：朱元璋捐银四万两。随后还在墙上题了一首诗：

手握乾坤杀伐权，威名远震楚江西。
清风起处妖氛净，铁马鸣时夜月移。
有志驱胡安乱世，无心参司学禅机。
荫荫古木空留意，三笑长歌过虎溪。

老和尚看着壁上的诗，不悦地说："出家之人慈悲为本，佛寺非杀伐之地，岂可题这等诗。"当下命小和尚提一桶水来冲掉墙上的诗。朱元璋笑着说道："那就待我另题一首吧！"于是，他挥笔又写了一首，诗道：

> 庐山竹影几千秋，云锁高峰水自流。
>
> 万里长江飘玉带，一轮明月滚金球。
>
> 路遥西北三千界，势压江南十二州。
>
> 美景一时观不尽，天缘有分再来游。

和尚看了高兴点头说："这首诗倒使得。"

朱元璋在庙里歇了半日。料知陈友谅的兵马早已下山去了，就绕道回了军营。

后来，朱元璋便建立大明政权。相传朱元璋称帝后，突患热病濒于死亡，宫内太医束手无策。忽报庐山仙人洞的赤脚僧持天眼尊者和周颠仙人赠送温良药至，朱元璋服后，立即病愈，朱元璋龙心大悦，让使者到庐山寻找仙人。

当使者来到仙人洞小道上寻找时，不见寺庙，只见苍岩巨石上刻的"竹隐寺"3字。使者称奇，回京城复命。朱元璋便下旨在刻处旁建"访仙亭"。

亭侧小道也因此称为"仙路"。过"访仙亭"沿"仙路"前行，便到"新访仙亭"。

在明代，黄龙寺也在庐山一步步建成了。黄龙寺坐落于群山环抱、竹木茂盛之中。周围环境峰连嶂叠，霞寂雅静，谷邃森森，封闭奥秘，白云深锁，盘岩添彩，山色清目，水声悦耳，灵秀绝尘，妙在"幽"字，堪称黄龙幽谷，故有"不厌山行远，还知幽可寻"之赞。

黄龙寺是明代彻空和尚所建，最初寺庙叫"鹿野禅林"。据《庐山志》记载："寺因黄龙潭而得名，潭之为龙居也。"另据考证，其实黄龙寺系佛教临济宗分支黄龙派，寺因所奉佛教派系得名。

黄龙寺还有一个有趣的传说，据说八仙中的吕洞宾在仙人洞修炼时，以为自拜师汉钟离所学的剑术高超，

蔑视佛教。

一日，他来到鹿野禅林，气势昂然，欲试黄龙禅师法力，趁其不备，飞剑斩之。结果刃不见血，对方安然无恙。吕洞宾大惊失色，面拜请罪。这就是庐山流传的"吕洞宾飞剑斩黄龙"的故事。这个故事教育人不可狂妄自大，目中无人。

庐山的名气越来越大，以致引来了明代的著名才子唐寅。唐寅中年脱离官场，获自由后，乘船经鄱阳湖返回故里，在途中登上了庐山。逃脱出"鸟笼"的唐寅，放情于庐山的山水中，有感有悟，不免作诗作画。写了一首七律《登庐山》，并画了一幅《庐山图》。

《庐山图》为全景山水画，表现的是庐山三峡桥一带的景观，画面峰岩嵯峨、古木惨淡、瀑泉湍泻，画风清刚俊逸，而意境却萧索苍冷。诗言志，画寓怀，画中的题诗令人品味：

匡庐山前三峡桥，悬流溅扑鱼龙跳。
嬴骖强策不肯度，古木惨淡风萧萧。

在明代，山水画产生了一个突出特征，即画派林立。明代中期，以苏州为中心，崛起了一个在野文人画派吴门派，并成为明代中后期画坛主流。

吴门画以沈周、文徵明、唐寅、仇英为代表，合称"明四家"。

沈周是一位优秀的文人画家，而唐寅却是一位落魄的士人画家，虽然都是以庐山作为审美载体，却表现出不同的意味。

沈周的《庐山高图》是沈周为老师祝寿而作。此图为浅绛山水，图中峰峦叠嶂，气势奇伟，飞瀑之下有一老叟伫立静观。画面布局疏朗，厚重凝练，宾主和谐团聚，浑然一体。

在画中，人们可以看到，庐山在沈周的心目中，是那样地奇崛，那样地巍峨，那样地高洁！

知识点滴

关于朱元璋避难在庐山竹隐寺还有一个故事。传说，朱元璋在打败陈友谅后建立了明朝，当上了皇帝。一日，他想到那次在竹影寺避难的事，便亲自书写了"竹影寺"3个大字，做成一块金匾派人送往庐山。

送匾的官员来到庐山，找遍了全山的竹林也没找到竹影寺，他怕回去不好复命，便将匾额丢在一片竹林边的荆棘丛中。

待他走下山回头一看，那竹林中却出现了一座金碧辉煌的庙宇，那块御赐的金匾已端端正正地挂在庙门上了。

浙江雁荡山

　　雁荡山位于浙江温州东北部海滨，是我国十大名山之一。雁荡山是由火山爆发造就的雄奇壮丽的景观，是世界上独一无二的集山水美学和历史文化于一体的华夏名山。

　　雁荡山因"山顶有湖，芦苇丛生，秋雁宿之"而得名。山水奇秀，天开图画，以峰、瀑、洞、嶂见长。

　　雁荡山始开发于南北朝，兴于唐，盛于宋，素有"寰中绝胜""海上名山"之誉，史称"东南第一山"。

纪念芙蓉姑娘的雁荡山

　　雁荡山又名雁岩、雁山，以山水奇秀闻名，位于浙江温州乐清东北部，在雁荡山下有村庄名叫芙蓉村。

　　传说，很久以前芙蓉村和雁荡山都没有名字，大家只晓得东海边有座高出白云的大山，山顶上有个蓝色的平湖，大风一吹，满湖水就悠悠地拍打着天空。日子长了，天空也被湖水染成了蓝汪汪的了。

平湖边有间小屋，屋里住着个漂亮的芙蓉姑娘。姑娘待人好，哪个人有困难，她总是帮忙解决，远近的人都称赞她是一个热心善良的好姑娘。

芙蓉姑娘很勤快，空闲时，在平湖里种上一片芙蓉花，有红的紫的白的，还喂着一大群嘎嘎叫的雁鹅。

这一年夏天，芙蓉姑娘坐在平湖边的太湖石上，正对着蓝汪汪的湖水梳头，突然一条癞头蛟大摇大摆地游过来，摇着脑袋说："好标致的姑娘啊，我叫东海蛟，家住在东海，东海属我管，金子银子用不完，你嫁给我，会永远快乐的。"

芙蓉姑娘没理他，转身就进了小屋，癞头蛟没趣儿地走了。有一日，芙蓉姑娘盘坐在木桶里，手划湖水，在荷花丛中穿来穿去，忙着摘莲子。

突然来了个油头粉面的花花公子，站在平湖岸边，操着破锣似的喉咙，"姑娘！姑娘！"叫个不停。芙蓉姑娘讨厌死了，顺手抓起一个大莲蓬砸过去，砸到那公子头顶上，他摸摸鼻子，灰着脸走了。

又有一日，芙蓉姑娘坐在湖边洗衣裳，有人在她背后一推，她被推进平湖里，立刻昏天黑地就什么也不知道了。

等到她醒过来睁眼一看，有个戴凉帽的人，嬉皮笑脸对她讲："好标致的姑娘啊，我正在山上砍柴，见你跌落湖里，连忙跑来把你救起来。"

芙蓉姑娘相信了，"谢谢你，请你到我的小屋里来坐坐吧！"

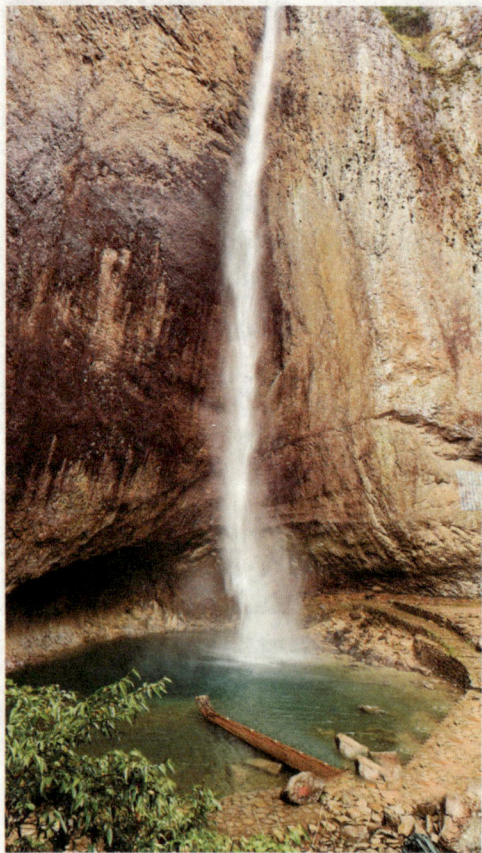

话还未讲停当，平湖里的雁鹅嘎嘎叫了，飞过来啄落那人头上的小凉帽。一看，原来是癞头蛟。芙蓉姑娘吃了一惊，骑上一只雁鹅飞进了平湖。癞头蛟又急又恼，张牙舞爪冲进平湖，紧紧追赶芙蓉姑娘。平湖里波浪滚滚，雾气腾腾，芙蓉花和叶子"稀哩哗啦"拢作一团，缠住癞头蛟不放。

癞头蛟受不住，拼命挣扎，没想到撞在一座山峰上。山岩"轰隆"一声塌下来，压住它，它只露出一张嘴巴，直至今日还"哇哇哇"吐着瀑布水。

那些芙蓉花和叶子也落下来，都化作又香又软的泥，遮住了平湖水，平湖水没有了，上面长着一丛丛芦苇叶。那位芙蓉姑娘，趁着癞头蛟挣扎的时节，骑着雁鹅向北飞了，只是每年夏天，才回来一次。

第二年夏天，花叶泥中抽出了一朵鲜艳的大芙蓉花，立在山顶上，老远就能看见，有人说这是芙蓉姑娘，所以大家就叫它芙蓉峰。

住在峰下的人家把自己的村叫芙蓉村，那平湖，改名为雁湖，山叫雁山。村取花的名，山取鸟的名，并在一起就叫"花村鸟山"。

雁荡山自古以来就以奇峰、怪石、飞瀑、幽洞、深谷闻名于世，历史上不少名人曾到此游览。北宋著名科学家沈括称这里为"天下奇秀"，近世康有为称"雁荡山水雄伟奇特，甲于全球。"

雁荡山按地理位置不同可分为北雁荡山、南雁荡山、中雁荡山、西雁荡山、东雁荡山，每一处都是景色宜人，风光独特。

北雁荡山规模最大、景点最多、最为出名。北雁荡山位于乐清境内东北部，万山重叠、群峰争雄、悬嶂蔽日、飞瀑凌空。北雁荡山以峰、洞、瀑、嶂称胜，有102奇峰，66洞天、27飞瀑、23嶂峦之说。

北雁荡山东起湖雾羊角洞，西至芙蓉白石岩。南起筋竹涧，北至仙姑洞。关于羊角洞还有一个有趣的传说呢！

从前，雁荡山有个叫阿宝的后生，熟人见到他，总作兴学他口吃的样子："阿宝，现在牵羊顺、顺当乎？"阿宝也不生气，只是咧开嘴笑笑。

到了阿宝十三四岁时，家里弄了只大白羊。每日天未亮时，阿宝就牵着羊到半里外的坟坛去放。这片坟坛很冷清，阿宝经常听人讲，这里每到黄昏时，鬼呼呼声地叫，鬼火飞来晃去，煞是吓人！但阿宝有个犟脾气，就是自己没有亲眼看见就是不相信，所以一直来这里放羊，想要见识一下。

一日下午，他又把羊牵到坟坛，拴在一棵树桩上，自己同小伙伴小锤去池塘玩水。两人正玩得痛快，突然天空乌云滚滚、雷鸣电闪，眼看天就要下雨了。

阿宝三步一跳，一口气跑回坟坛，只见羊跺着脚"咩咩"直叫。他赶紧去解羊绳。忽然"轰隆"一声，一个响雷炸得坟坛发抖，紧接着，槐豆大的雨点从天上落下，直落得坟坛四周冒起一层白烟，风刮着树，发出"喔，喔"的叫声。

这时的阿宝被吓呆了，他以为鬼真的赶来了，不管三七二十一，抓住羊绳用力一拽，就往家里跑。过了一会儿，雨停了。

小锤也独自往回走。他路过阿宝家时，见阿宝站在羊棚边，一手捏着羊绳，一手打开棚门，嘴里念着："进去！进去！"

小锤忍不住笑出声来。阿宝听见笑声，回头一看，自己手里拉着的竟是一条羊绳！阿宝"啊"的一声，结结巴巴地讲："怪、怪不得，这么顺当！"

原来，阿宝慌里慌张解羊绳时，用力过猛，把羊绳给扯断了，羊还留在山上哩！就这样一人传十十传百，阿宝牵羊的笑话，很快传遍了整个雁荡山。于是"阿宝牵羊——顺当得很"这句话，也便成了这一带老百姓乐于引用的歇后语了。

阿宝的羊在山上到处乱跑，它跑呀，跑呀，一直跑到了方岩顶，不小心一只角撞在岩壁上，岩壁被撞了个羊角大的窟窿，从那以后，老百姓就把这窟窿叫作"羊角洞"了。

知识点滴

关于雁荡山名字的由来，还有一个传说。以前在山下住着一个很穷的少年，名叫阿嘎。阿嘎虽然很穷，但勤劳朴实，有一副好心肠。

有天阿嘎看见每天去寻找水源的大雁飞得很辛苦，觉得很难过，下决心要在山顶上挖个湖让大雁们喝水、洗澡。阿嘎挖呀挖，终于挖出来了一处泉水，汇成了一片大湖，大雁们开心极了。后来有一条恶龙要霸占这片湖水，阿嘎为了保护湖水和大雁与恶龙同归于尽了。后来人们为了纪念阿嘎，就把这个山取名为雁荡山了。

神仙留恋的北部美景

北雁荡山不仅自然景色奇秀，而且有着丰富浓厚的历史文化内涵。北雁荡山不仅有著名的佛寺，也有著名的道观，关于佛、仙的传说甚多。

千百年来，许多文士名流，都在北雁荡山游览和考察，并留下了许多不朽的名篇佳作，山中的摩崖碑刻多达300余处，大为名山生色。

灵峰是北雁荡山的东大门。从东而来一抬头就能看到蒲溪西边那叫作"接客僧"的巨岩，接客僧是雁荡山中形象最为逼真生动，同时也最具象征意味的肖像拟人景点，它又名石佛岩、老僧岩。

只见老僧秃顶披裟，朝东南方，拱手做迎客状。人世沧桑，岁

月更迭，唯有入山口上的接客僧，千万年来始终以永恒的宽容挥动着宽阔的袍袖，日夜在迎接着四方的宾客。

灵峰四周诸多青峰苍崖迂回盘旋，绕出一方如梦如幻的胜景。灵峰的峰崖又最会作态，"移步换景"，尤其在月夜，真真幻幻的山景会令人生出许多遐思。

灵岩被视为雁荡山的"明庭"。后来的元代文学家李孝光赞道：

峭刻瑰丽，莫若灵峰；

雄壮浑庞，莫若灵岩。

以灵岩为中心，后有灿若云锦的屏霞嶂，左右天柱、展旗二崖对峙，壁立千仞。因"浑庞"而生肃穆，人处其中，顿觉万虑俱息。灵岩使人心境沉静，"灵岩飞渡"的杂技表演又令人惊心动魄。

在灵峰还可以看到一个奇特景观，就是犀牛望月。犀牛望月位于凌霞峰旁的高岗上，昂首东向。当皓月东升时，那犀牛伸着脖子，遥望月亮，故称"犀牛望月"。

关于这头犀牛，还有一个感人的传说呢！

相传很早以前，雁荡山下有个姑娘叫玉贞，她父母早亡，6岁时就给花老财当牧童。每日天刚亮，玉贞牵牛上山。夜里月亮升得老高时，她才牵牛回来。

花老财待她刻薄，在牛棚角落搁块木板，让她跟牛一起睡觉。她有话对牛讲，有苦对牛诉，有泪对牛流。牛呢，伸伸舌头，舔舔她的手，好像在安慰她说："别难过！"

六月天，牛棚里蚊虫嗡嗡叫，牛甩甩尾巴为她赶蚊虫。十二月，北风呼呼雪花飘进屋，牛用身体为她挡风寒。

一日日，一年年，玉贞出落得像朵芙蓉花，方圆几十里的山民都讲她是仙姑下凡。花老财是个贪色鬼。他见玉贞长得这么漂亮，起了邪心。奸刁的管家向花老财献计，花老财连讲："妙！妙！"

夜里，管家扶着花老财到了破牛棚，见玉贞躺在木板上睡觉，牛在一边为她赶蚊虫。两人齐动手，避开牛尾巴，捆了玉贞的手脚。管家在门外望风。花老财色眼血红，正要朝姑娘扑去，料不到铁鞭样的牛尾巴朝花老财脸上打来了。

花老财忍住痛，还想去摸姑娘的胸，牛耸起两只锋利的角，戳着了他的眼睛，鲜血直流。玉贞在木板上挣扎，花老财哇哇喊叫。

打手们跑到破牛房，见牛发了疯似的护着玉贞姑娘，他们都不敢进去。等了半个多时辰，有两个打手壮壮胆，迈进了一只脚，牛"喇喇喇"冲上去，用角把他们戳出老远。管家气得叫人点火烧牛棚。花老财才逃出牛棚，被人扶到堂屋。

老牛乘机咬断了玉贞姑娘的绳索，跪下讲："快，快骑到我背上去！"

玉贞姑娘上了牛背。老牛撒开四蹄，耸起双角，睁大眼跑了出去。老牛朝凌霞山顶跑，打手们叫喊着围上来了。跑呀跑，跑到山冈上，没地方好跑了，老牛跪了下来，叫玉贞姑娘站在一只牛角上。

等姑娘站好，老牛把角朝空一转，对着她猛吹一口气，玉贞姑娘就乘着牛角飞上天去了。

打手们冲上来时，老牛变成了独角的石犀牛。玉贞姑娘呢，飞呀飞，一直飞到了月宫里。月光夜，玉贞姑娘走出云屋，洒下银光，看望心爱的老犀牛。犀牛呢，也仰着头，在想念女主人玉贞姑娘哩！

大龙湫位于雁荡山中部偏西，以奇峰，巨嶂，飞瀑取胜。高耸天际的芙蓉峰，变幻无穷的剪刀峰，雄伟如屏的连云峰，云雨漠漠的经行峡，谷幽潭深的筋竹涧，皆为胜境。秀丽多姿的碚头溪和松坡溪两相映衬，形成无限风光。

著名的天下第一门显胜门，也在北雁荡山。显胜门是由两面崖壁对峙而形成的"石门"，又称"仙胜门"。此门高达200米左右，两门相隔仅10余米，素有"天下第一门"之称，为雁荡山门之冠。

显胜门两壁陡立，直上云霄，气势雄伟磅礴。门内绝壁四合，森然环侍。脚下涧水铮铮，境极幽邃。抬头仰望，顶壁复合，仅留一线，"自非亭午夜分，不见曦月"。关于这个显胜门，还有一个传说呢！

听说每年桃梅杏李成熟时节，玉皇大帝总要派仙人下凡，采集百果，在瑶台举行一次盛会。这一年，铁拐李奉旨采了一担果品，正准备返回天宫时，被眼前一瓣瓣奇特的莲花瓣迷住了。

这哪里是什么莲花瓣？是一座座奇形的山峰！哗哗响的瀑布，比仙宫音乐还好听得多哩！铁拐李放下果担，用手指往前面一戳，只见擎天的岩壁"轰"的一声往两边移动，裂出一扇石门来。门里周围都是峭壁，弯弯曲曲向里伸。一条白练从山顶挂了下来。

石平台上，山乐官鸟正在演奏，雉鸡、丹顶鹤在一边跳舞。铁拐李双脚一蹬，腾空进了石门，去游览胜境了。韩湘子是天宫乐师，他的玉箫一吹，各路神仙就会围拢来听。哪晓得他一连几天奔走，吹

箫把嘴唇都吹破了，还是不见铁拐李的影子。眼看瑶台盛会就要开始了，玉皇大帝见铁拐李还没回来，只好派韩湘子去找。

韩湘子从西到东，从南到北，东探西找。有一日，他找到东海边上，也被眼前的一瓣瓣莲花迷住了！这是一座人间少有的仙山哪！仔细一看，那山顶上还放着一担果品，旁边插着一条仙杖，山腰间有一只很大的仙人脚印。不用说，铁拐李一定在这里了。韩湘子自言自语："好个铁拐李，在这里留恋风光，误了瑶台盛会，看你怎样向玉皇大帝交代？"

韩湘子顺着铁拐李的脚印，也遁入石门去。谁晓得他这一去，也没了踪迹。天亮时，人们看见那一担果品早已化作了岩石，那仙杖呢，也变成了仙杖峰，那裂开的石门，大家就叫它显胜门。听说，在月光夜，显胜门里就会传出阵阵仙乐来！

知识点滴

灵岩飞渡是雁荡山的灵岩所流传下来的一种杂技，据了解，最早起源于农民上山采草药，后来演化成现在的高空飞渡表演。在天柱峰和展旗峰之间悬挂着一根钢索，高达200米，宽亦200多米，可谓世界罕见。表演人员除了横空表演外，还在270多米高的天柱峰顶用缆绳悬空而下表演。人在绳子上表演翻跟斗、飞翔等动作，堪称一绝。

看着高空舞台上，表演人员突然来个猴子捞月，又来个悬空跟斗，底下的观众也会跟着揪心，另外飞渡人员与游客之间增加了一个互动项目，飞渡人员在270米的高空抛下绣球，如果哪位游客接到绣球，可以亲身体验飞渡的感觉。

宗教和山水交融的南雁

　　南雁荡山境内峰峦叠嶂，溪壑交错，岩洞密布，怒瀑飞奔。自然景观以山得势，因水成景，山因水活，水随山转、山光水色、相映成趣为主要特色。

　　南雁荡山的山岳由浙闽边界的洞宫山山脉延伸而来，多在海拔500米以上，迂折盘桓。北部以明王峰为主峰。明王峰俗称大尖，海拔1千米。

　　在山中，九溪汇流，中贯溪滩，山水相映。分东西洞、顺溪、东屿、畴溪和石城几部分。其中东西洞是整个南雁荡山的核心。

　　通往东西洞首先要经过碧溪潭，潭深莫测、碧波粼粼。

渡过碧溪潭，行数十步就到四角的爱山亭，亭子纯系石柱石梁石屋顶构成，风格古朴。亭前有对联：

开天窗说凉话；
有大石当中流。

对联中指的是此处的两个奇景。一处是石天窗。石天窗隔溪与石亭对望，它原是块峙立溪边山上的大悬岩，中间有一方洞通透，仿佛是架在半天的窗口。另一处就是以往溪流中有块巨石，像跃起的癞蛤蟆，如北雁显胜门的"中流砥柱"。

从爱山亭南行，举首可看到一处孤峰矗立，全峰由三块巨石构成，呈"品"字形。走上几十级石阶，大有泰山压顶之势，这就是南雁众多奇峰怪石中出类拔萃的"锦屏峰"，又名石屏风，人们称它为石门楼。此峰高33米，宽50米，厚约4米。主峰下一洞门，高4米，宽6米，门楣上有"东南屏障"4字的摩崖石刻。

穿过洞门往南看，有两岩相连，一如蛇头，一如龟，称为"龟蛇

会"。又有两巨石，一似狮，一如虎，为"狮虎斗"。从山岭上看此峰，宛如头戴方帽的"知客僧"，正向人们垂袖恭迎，与北雁的"接客僧"竞献殷勤。

从东南屏障往南行，山下有个小洲呈卧鱼形，这就是跃鲤滩，又名石鲤，再往前则是云关。

云关是由两座悬岩夹峙而成，顶端有大石梁覆盖，形成天门，洞门高30多米，宽4米，其下形成比东南屏障更为高深的拱门。

石壁上两行题句最为贴切："云锁天窗隐，关开月瞳明。"如遇山雨欲来，狂风满谷，云雾穿过关口，如海涛汹涌，更是奇观。云关前左右两边，天将峰与蟾蜍峰对峙，顶上又有望海狮、仰天狮、玉仙峰和纯阳峰。

在西洞前殿凭栏遥望，观音洞顶偏左处，有一岩形似笔架，就是笔架峰。向右，两侧小山头间有块巨石，连起来看，恰似一只俯卧的大蝙蝠，称为蝙蝠峰。峰下有栖息过蝙蝠的蝙蝠洞。

蝙蝠峰正下方，有少女殉情化身的玉女峰。往下看，还有美人岩，又称美女梳妆峰。但又像老公公背着老婆婆，叫作"公负婆"。"公负婆"右边，有瞪眼蹲着的蟾蜍岩。

在碧溪畔，有"五色杜鹃"和"四季杜鹃"。盛开时，绚丽烂漫，很有特色。后来南宋著名文学家洪迈在《夷坚志》中记载：

王伯顺为温州平阳尉，尝以九月诣树视旱田，道间，见有杜鹃花一本，甚高，开花……色如渥丹。讶其非时，以询土民，皆云："此种只出山谷，一年四季开花，春秋为盛。"池圣夫诗云："花笑群峰景、鸟啼千壑春，满林声色好，何时亦愁人。"

出东洞沿溪南行，沿蜿蜒的山径，进入峡谷，这便是晴虹洞。据地方志《南雁荡山志》记载：

晴日初过，洞水映射，彩色眩目，望之如长虹。

晴虹洞为"南雁八景"之一，洞边有路叫采药径。传说曾有仙姑在此采觅草药，尝过百草，为穷人治病。后来南宋建宁松溪政和县巡检朱元升诗道：

黄芝与钩吻，貌同性相反。
寄语径中人，采时高着眼。

黄芝就是道家用来求长生的名药，而钩吻却是有毒的野生植物，俗名断肠草。根、茎、叶皆有剧毒，与黄芝貌同而质异，因而告诫世人不要因假象而上当受骗。

出西洞，经幽深之九曲岭，下来便是鸣玉亭。亭前矴步边溪岩上，携有"锦水流丹"4个隶书。一侧有一块10多平方米的大磐石，高出水面5米，近水处刻有"钓矶"两字。

钓矶下有照胆潭，潭水深碧，宛如传说中的古镜。右侧临流有石

洞，溪水回旋，深不可测。南行数十步，可看到隔溪有10米高的孤峰，似趺坐的观世音菩萨，下看如一朵盛开的千叶莲花。

再前行片刻，回头一看，观世音竟变成老态龙钟的老道士，头梳圆髻，正笼着双袖默坐，面对八卦炉在炼丹。其西南面10来米的半山腰，有岩长3米许，像只缓慢爬行的大海龟。即所谓"上山龟"。山背是块像猴子的怪石，前面那块比猴头大数倍像桃子的圆石，酷似一幅"猴献果"的画面。

有人道"北雁好峰，南雁好洞"，所谓好洞，仅以东西洞而言。雁荡山儒、释和道三教荟萃，文物胜迹众多，民俗风情独特。

据史料记载，人文景观仅就古建筑而言，就有13古刹、18庵、12院、3亭8堂等。儒、释、道三教遗址四布，历代摩崖石刻碑记林立。

就自然景观而言，溪滩、幽洞、奇峰、石垒、银瀑和景岩，可称为"南雁六胜"。

就人文景观而言，这里的儒教、佛教、道教汇集，可称为"三教荟萃"。因此，"三教九溪"是南雁荡山特色的主要概括。

知识点滴

蝙蝠峰右下方，有一峰如美髯公注神展卷默读，俗名"关公看兵书"。左边有三台峰。三台原是大熊星座的星名。故后来的宋代朱耀诗道："即此是台星，三峰入眼明。若非天上贵，宁显世间名。万国皆瞻仰，千岩自送迎，泰阶何日正？草木亦光荣。"这三台，是指三台峰的上台、中台、下台。在"关公看兵书"的不远处，还有一石猴神情专注望着山下那座古老的水碓，人们称它为"猴子看水碓"。

东南第一山的优美景色

中雁荡山史称"东南第一山"，走进即见峰峦陡峭、洞谷深邃、峰奇石怪、溪碧泉清。白石湖、龙山湖、钟前湖合称"三湖"，高峡平湖，峰峦倒影，为中雁荡特殊景观。

漫步中雁荡山，但见龙街郁郁葱葱，碧泉汩汩淙淙，青松翠竹间充满鸟语花香。数不清的峡谷悬崖瀑布，虽无飞流直下三千尺之壮观，但也九曲八折，细细飘散。

玉甑峰是中雁荡山的图腾，峰上截有一个美轮美奂、畅旷无伦、洞中套洞的玉虹洞，而峰的极顶更有一个岗峦起伏的山水小世界，如此鬼斧

神工，真深不可测，又称道士岩，状如倒扣的铜钟，拔地而起，声势逼人。

玉甑峰东西二祭为玉甑峰的两翼。西祭以峰岩取胜，东祭则以瀑潭见长。东祭有溪名东龙街，迂回潆洄七里，串联了一系列各擅胜场的碧潭，有钟潭、连珠潭、小龙潭、梅雨潭、莲花潭，穿插于这些碧潭之间的是浣纱瀑、马尾瀑、梅雨瀑等。其中梅雨瀑和梅雨潭乃东祭的点睛之笔。

梅雨瀑又称雾瀑云潭，在杜鹃林西边。此瀑集施岭之水，瀑高30米，宽2至3米。瀑底有梅雨潭。瀑潭三面环山。每当清晨，朝阳透进山谷，潭角便出现五彩虹霓。梅雨潭右边陡坡上有倒插花岩。

从梅雨瀑下山，到南端桥边转折处，可见金鸡回头峰。但只能在傍晚夜色苍茫时才能窥见她的倩影。中雁有此动静皆美的水态，与其山容相映衬相扶持，自然格外光彩照人。

西祭是一座峡谷，其谷底之石，平坦无沙砾，赭色，溪水流淌，犹如长龙游动，故称"龙街"。龙街逶迤数里，两旁峰岩相叠，步移景换，令人左顾右盼，目不暇接。其上游之石门瀑、水帘洞，下游之八折瀑、龙山湖，最有声色。

西祭是中雁荡山的一个华彩乐章。以奇峰怪石为主的众多景点沿洞对列，东西绵亘达五里之长，令人目不暇接，堪称天然画屏。

西祭的峰岩姿态万千，肖物拟人栩栩如生，可媲美北雁，而水木清华气韵静穆亦为他处所少见，因而在审美上具有很强的包容性，可谓雅俗共赏。

杨八洞又称盖竹洞是中雁荡山的一段"引文"，它本身也是一个独立的作品。作为道教圣地，杨八洞有一种浓厚的神话仙语氛围，有宝光、观音、透天、透海、龙滚、八仙、混元、玉蟾彼此套连的八个洞府。刘公谷和杨八洞分处于一山的两面，景色同样非常优美。

凤凰山在白石镇西南2千米，属中雁荡山的外围。此处两山夹峙，势若凤凰展翅，境内岩峦重叠，林壑秀美，以峰岩为主的各种景点多达数十处。

其中鹰嘴、板障、穿鼻三岩横空出世，气势磅礴，而尤以穿鼻岩为最。此岩凌空拔起五百余米，与道士岩即玉甑峰遥相呼应，俗称"道士岩影"。

山麓绿水绕村，平畴远铺。山上曲径通幽，花香鸟语。林间古寺隐约，云烟飘忽，兼得田园

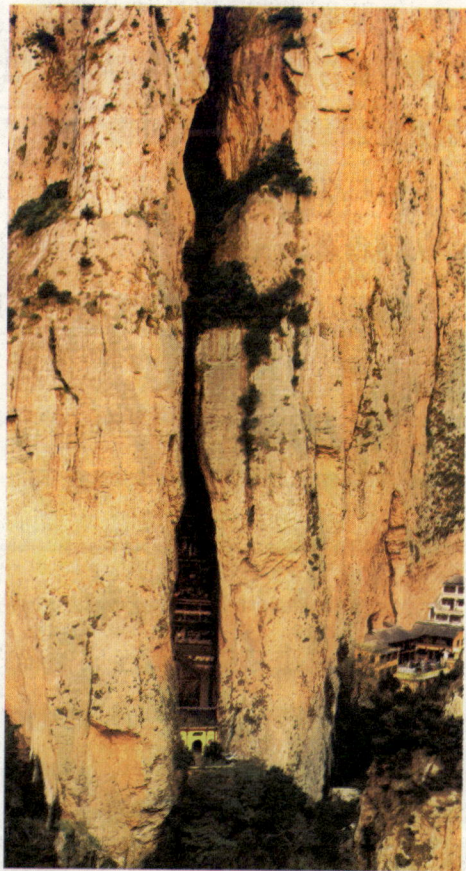

和山林趣味。

东雁荡山又称半屏山。民谣唱道："半屏山，半屏山，一半在大陆，一半在台湾。"

东雁荡山东部沿岸断崖峭壁，犹如刀削斧劈，山成半片，直立千仞。连绵数千米的绝壁依次展开惟妙惟肖的迎风屏、赤象屏、孔雀屏、鼓浪屏等巨幅岩雕画屏，是全国最长最大的海上天然岩雕，被誉为"神州海上第一屏"和"海上天然岩雕长廊"。

半屏山犹如屏障横断大海，威镇巨澜，怒截狂涛，气势雄伟，险峻壮观。半屏山的主要风景也在东南面的断崖峭壁上。

"黑龙腾海"便是其奇观之一，一条长约百米的黑玄岩地质带夹在大片黄石崖中，其势左高右低，黑岩一端长出双角，形似龙头，远远望去犹如一条黑龙将要扑向大海。

盼归亭是一座建立在半屏山上的石亭，因渔人皆在此等待归航的亲人而得名。海拔57.5米，坐西朝东，是个六边形的亭子。有6根长3米、直径0.05米的石柱构成，亭内可以观赏海岛景色。

西雁荡山以群瀑、碧潭、幽峡、奇岩为特色，融原野的山村风情为一体。有金坑峡、七瀑涧、高山角、珠岩、西山、龙溪、崎云、五凤八部分组成，此地原名"寨下"，泽雅是"寨下"温州话的译音，西雁附近还有一个泽雅水库。

一到西雁荡山，就会被迎宾瀑的美景所折服。这里一派峡谷飞瀑风光，九龙瀑三折瀑布连成一幅百余米高的水幕，势如九龙喷水，十分罕见。鳄鱼潭嵌在石壁之中，水清见底。珠岩直径为23米，人称"天下第一珠"。摇摆岩一推则动，雷响岩一动则响，漆树、桂花、枫树等七种古树七形七色同寄一树。

泽雅的水碓也很有名，共有270多座。它借助地势，利用水源，有二连碓、三连碓，最典型的是石桥村的南斗四连碓。"老大"排水给"老二"用，"老三"排水给"老四"用，是一水多用的典范。排水时皆成小瀑布，是人与自然完美结合的体现。

泽雅中的金坑峡也非常有名。金坑峡境内山清水秀，林郁竹翠，峰险洞幽，岩怪石奇，瀑美潭碧，素有"浙南大峡谷""温州第一峡"美誉。

金坑峡内一溪九瀑，形态各异，有半岭飞瀑、金坑银瀑、珠绫瀑、龙须瀑等，一瀑胜过一瀑，瀑瀑引人入胜。峡内奇峰怪石，移步换形。有老鹰岩、金鸡石、天柱峰、五指峰、蜡烛门、金蟾望月、狮子饮水、悟空脸谱、老翁听瀑和大小天门等，鬼斧神工，叹为观止。

此外，还有通天洞、穿山洞、盘丝洞、峡谷天池、雄狮舞球和千年红豆杉群落等美景，和仙女浴池、七姐妹树、仙女更衣洞、岩太师洞等优美的传说。

西雁荡山的仙女浴池和七姐妹树还有相关故事呢！

传说很久以前，天上的七仙女偷偷下凡，看到了这个天然浴池，就将衣服脱在旁边的更衣洞里，下去洗澡，碰巧孙悟空这时来了，它看到这一幕十分尴尬赶紧转头，七仙女见有人过来，马上从浴池里飘出变成七棵树。

于是，仙女洗澡的地方叫作仙女浴池，仙女更衣的地方叫作仙女更衣洞，仙女变成的树叫作七姐妹树。

知识点滴

佛教传说和寺庙建筑

南北朝时期，佛教传入了雁荡山。不过，佛教在此的真正兴起是在唐朝，传说是唐代高僧如来佛的弟子、十六罗汉中排位第五的诺讵那来到雁荡山建造了第一个佛教寺庙。

相传，如来佛曾告诉诺讵那："你将在一个山水绝妙的地方建

寺，那个地方用花名做村名，用鸟名做山名。"

后来，诺讵那带着300弟子云游天下，找了好多地方都没有找到这个去处。一日，他来到雁荡山下，但见此处凭海临风，姹紫嫣红，花香鸟语，心中暗暗高兴，便询问当地的一位老者该地和该山的名字。

老者回答说，这个地方叫芙蓉村，山叫作雁荡山。诺讵那一听高兴极了，知道自己终于找到了如来佛预言之地，于是他领着弟子们进山开始兴建寺院，佛教自此兴盛，诺讵那后在大龙湫观瀑坐化了。人们因此尊奉他为雁荡的开山祖师。诺讵那之后，雁荡山就开始有许多僧人在此修行。

在雁荡山的合掌峰巨壁左侧缝间有一个手指大的活像观音菩萨的石像，人们称它为"一指观音"。根据民间传说，一天，观音菩萨坐在莲台飘过雁荡山上空时，看到山中烟火冲天，鞭炮震天响，就化作一个老婆婆下去查看发生了什么事情。

原来人们正在观音洞里用檀香木浮雕刻菩萨的像。而要完成这个佛像，需要990斤银子。于是，化作老婆婆的菩萨找到方丈劝他不要这样做，因为是劳民伤财。

方丈不听，还说："修行人，只求超脱凡尘，为什么还要计较钱财呀？"并责备老婆婆"烧香拜佛空念一世经"。

谁知方丈话没说完，合掌峰间刮起了一阵狂风，把未雕好的檀香木观音像刮得无影无踪，观音洞内则落下来一串串珍珠。

在人们去捡时，珍珠又变作水珠流走了。此时空中传来声音："诚不诚，看真心，塑巨像，害死人！"

而那未雕成的檀香塑像，则越变越小，最后只有九寸九分九长了，贴在了缝隙间。而方丈趴在地上，也一动不动了。

雁荡山以其灵秀的风光，被誉为"东南第一山"。唐朝诗人顾况

在《仙游记》中称雁荡山为桃花源式的人间仙境。

后殿中立大石柱一对，刻有乡邑名儒赵舜耕撰书的楹联：

儒释道三教异流同宗旨；

东西祭二纵分派共渊源。

雁荡山的集云道院也是在唐代建成的。集云道院始建于889年，后来的1013年赐"静慧院"额，后又改名"集云观"，在后来的明代又并入白鹤寺。据后来清代邑庠生施元孚编写的《白石山志》中记载：

当其盛时，高甍巨槛，金碧辉煌，住僧数十人，钟韵梵音，早夜不辍，号为丛林。

后来，集云道院因飓风倒塌了，存留下来的是以后重建的。道院坐落在横山南麓，占地2064平方米，分前后两进。后殿中立大石柱一对，刻一楹联，道：

儒释道三教异流同宗旨；
东西祭二纵分派共渊源。

雁荡山合掌峰中的观音洞，最早也是唐代高僧善牧的居所。

观音洞似一大型石室，天然生成，洞内有一石柱悬垂至地，洞上及洞周石壁雕有观音像。观音洞高100米，宽深各40米，洞内佛楼倚岩而建，高达9层。入洞口处为天王殿，内塑四大金刚，殿后有377级石磴，直达顶屋。顶屋为观音殿，其余为僧舍。

从第八层楼左壁往洞口看，可见一尊一丁点儿大的观音佛像端坐在莲台上，此谓"一指观音"。从洞顶往外望，天空仅留一线，人称"一线天"，洞内尚有洗心、漱玉诸泉，在最顶层的大殿旁还有一处洗心池，水质清澈甘洌。

观音洞旁建有一庵，为后来明代所建。观音洞后古树成荫，巨石层叠，上书"大士重现"4个大字。雁荡山的观音洞还有一个传奇的故事！

相传在1000年前，观音洞里有很多岩石，还长着刺藤，住着狐狸、蜈蚣精和狼，它们都很凶暴。

一日，一个老和尚来到观音洞，那时，他已经筋疲力尽了。他看到观音洞，想去那里念《法华经》，当时他忘记了口渴，忘记了饥饿，加快步伐赶去念经。一条条刺藤划破了老和尚的脸，但他毫不觉得痛，还是不断疾步前进。

老和尚终于到了，他在观音洞里念经，岩石上的水滴一点一点地滴下来，老和尚称为"清泉"。老和尚念了一天一夜，住在这观音洞里的狐狸、蜈蚣精和狼都戏弄老和尚，可是老和尚还是只管念自己的经，不去理它们。

老和尚旁边喷着的水被他称为"洗心"，狐狸它们一伙又想让老和尚死。便让蜈蚣精在"清泉"上滴上毒液来给老和尚喝,可是,老和尚喝了"洗心"喷泉的水后安然无恙。

狐狸它们捉弄了老和尚好几天,也都累了。坐在老和尚的旁边日日夜夜听老和尚念经,最后也都受到了感化。

狐狸一心想要改过,就让手下把山洞里的岩石给搬走。蜈蚣精也想要改过,就让毒蜈蚣们把山洞里的刺藤咬断。老狼让狼群把山洞里石头推下山。老和尚最后化成了石像,至今还待在山洞里面。

到了宋代,雁荡山进入了全盛时期,特别是南宋小朝廷迁都临安,温州的经济进入了大发展时期,驿道也改从雁荡山的西内谷中经过,所以此时雁荡山中新建了诸多寺庙和古刹,盛极一时。

在雁荡山灵岩之阳有一古刹,它背依灵岩,以岩名,称为灵岩寺,该寺始建于979年,因寺境山水灵秀,名闻京师,宋太宗特赐御书经书52卷,999年赐额"灵岩禅寺"。

灵岩寺四周奇峰嶙峋,古木参天,是雁荡十八古刹之一。寺有殿宇、禅房百余间,号称"东南首刹",四周群峰环列,雄壮浑庞,古木参天,环境幽绝。后来的清人喻长霖的一副楹联的下

联，生动地写出了它周围的景色：

> 左展旗，右天柱，后屏霞，数千仞，神工鬼斧，灵岩胜
> 景叹无双。

灵岩寺建成后不久，雁荡山十八古刹中规模最大的一座寺庙能仁寺也建成了。能仁寺初建于999年，位于雁荡山大龙湫锦溪岩畔，东南对火焰山和戴辰峰，燕尾瀑位居其北，可远望观音峰。

南宋以后，能仁寺的影响越来越大，鼎盛时期，有僧人300，香客每日千人，成为全国著名寺院之一。寺中有一大铁镬，高1米多，直径约2.5米，镬重1.85万千克，为1092年所铸，因此能仁寺又称大镬寺。在灵岩寺后有一片方竹，这方竹还是早先从能仁寺移栽过来的。

古时，能仁这一带地方是一片深山密林，常有猛兽出没，伤害百姓。所以，那时一户两户人家就不敢在这里定居下来。后来，大家结伙一起，在能仁一带聚居成村了。但村里盖起来房屋常被火烧掉，老百姓猜疑是能仁寺对面的火焰峰在作怪。

1092年，人们就在火焰峰下铸

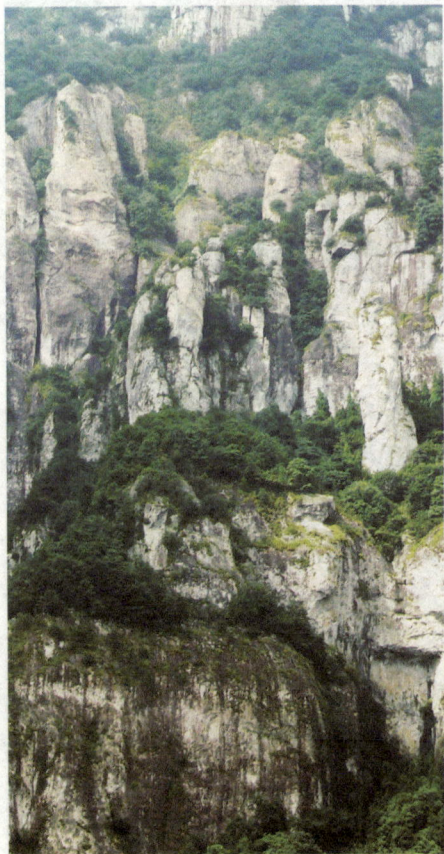

造了一口重3.7万斤的大铁镬，盛水用来制胜火焰峰。从此以后，这里的风水好了，年年风调雨顺，百姓安居乐业，寺院香火很盛。

一日，有兄妹两人从括苍山来到了能仁寺，哥哥是个识风水的人，他见这里风水好，便在能仁寺附近埋了个铜钱做纪念，说是这样做下半世可荣华富贵。

随后，妹妹也从头上拿下枚头钗插在这里做纪念。说也凑巧，这枚头钗不偏不离，正好插在哥哥埋的铜钱眼里。后来这头钗日长夜大，成了一颗四四方方的竹子。几年以后，四方竹长成一大片了。

有一天，天遇大旱，一连几个月不下雨，能仁寺的方竹大都枯死了。好心的灵岩寺成圆法师把活着的几棵方竹统统移栽到了灵岩寺，天天浇水，方竹救活了。

这方竹一代传一代，到如今，灵岩寺后还长着茂盛的一片方竹。

知识点滴

雁荡山山顶有湖，芦苇丛生，如同水荡，春雁归时，常宿于此。在这美妙的环境中产有一种茶，名为龙湫茶。关于这个龙湫茶还有一个传说呢！

雁荡山属括苍山脉，山顶有湖，芦苇丛生，如同水荡，春雁归时，常宿于此，故名。雁荡山的茶，明人已有提及。冯时可《雨航杂录》提到雁山有"五珍"，第一珍即为"龙湫茶"。

龙湫茶产于雁荡大龙湫，山高三百八十八尺，飞瀑悬空下附，银珠四溅，声如震雷，在日光照耀下，五光十色，绚丽多彩。自古以来，文人墨客争相邀游，佛教僧侣视为修禅佳境。相传在东晋永和年间，阿罗汉诺讵那率北子三百居于雁荡，诺讵那在大权湫观瀑坐化，成为开山祖师。

关于皇帝的传奇故事

在北宋时，宋仁宗在雁荡山建造了一个塔，名为妙通塔。那么，仁宗皇帝为什么要在这里建塔呢？说起来还有一段故事呢！

传说，宋真宗赵恒年过四十膝下无子，眼看皇位无人继承，心中非常着急。他到处求神拜佛，祈求上天赐子。玉皇大帝被其虔诚感

动，派赤脚大仙下凡，
赤脚大仙就转生成为了
宋真宗的儿子，宋真宗
大喜，立他为太子。

可是太子降生后日
夜啼哭不止。皇室御医
束手无策，宋真宗便命
人在全国贴出榜文，以
求名医为太子看病。当
时，雁荡山承天寺有个
道行很高的和尚叫卧
佛，他揭下榜文，以青
石为舟，逆流而上，赶
往京城为太子看病。

卧佛一到皇宫，便抱过太子，举起巴掌就朝太子屁股上"叭叭
叭"地打了起来，而且口中念念有词。卧佛越说越快，越打越凶。
皇后看了心疼，上前夺过太子，卧佛见状，用手按摩太子头顶说
"止"。说也奇怪，太子真的不哭了。

皇帝皇后皆感惊讶。卧佛说："我打他41下，他将来做41年
皇帝"。

皇后听他说得神乎其神，又忙将太子送过去请他再打，卧佛说：
"天机已泄，再打不灵了。"真宗皇帝心里十分高兴，赐号卧佛为
"证因大师"。

宋仁宗接位后，卧佛已乘鹤归天，他听母后讲述上面的故事，

便命令在卧佛的寺庙前建一座宝塔，赐名"妙通塔"，对卧佛加赠谥号，叫"蹈宝华如来"。宋仁宗在位41年，宝塔41年方建成，老百姓称它为"神塔"。

传说虽已无从查考，但妙通塔确实是建于1023年，并确为宋仁宗御旨敕建，这已被后来发现的妙通塔地宫内《敕赐承天院造塔记》碑刻所证实。

到了南宋，雁荡山的仙姑洞也建成了。相传南宋时，闹村朱氏，名婵媛，16岁时出家为道姑，遁居此石洞20年，常采药为人治病，下药立愈，后不知去向，人们在洞口建道院以纪念她。

仙姑洞洞高18米，宽44米，深29米，建有七间三层楼阁，屋宇大部与洞连接。洞内有十八进士洞、连环洞等。洞外有珍珠泉、石斧岩、玉液池、怡心院、三台道院和朝天鲤等奇景。

关于这个朝天鲤，还有一个传说呢！

在雁荡朝阳洞山上，有一块大岩石，好比"金交椅"一样。传说"金交椅"下面原先有个岩洞。洞口很小很小，只能伸进一只手。洞里有多宽呢，就无人知晓。

那时，雁荡响岭头有个看牛娃儿叫灵峰。灵峰帮财主放牛，每日带一个竹篓把牛赶到一座山上吃草，自己到岩坑沟里去翻螃蟹、捉鱼虾，供养奶奶。

一日，灵峰发现了"金交椅"脚下这个岩洞。他把耳朵贴紧听听，洞里的流水有时咚咚响，好比演奏仙乐一样，有时笃笃笃敲起来，好比千军万马奔腾一样。灵峰睁大眼睛往洞里看，见洞里一片光亮，好比星星在闪动！

灵峰想钻进洞里去，但洞口太窄，进不去。他只好把手伸进去。哪知道马上摸到一条活蹦乱跳的鲤鱼。这条鲤鱼，背墨黑，像将军的盔甲，嘴一张一张的，像黄龙的嘴巴，尾巴呢，像一副船桨。灵峰左张张，右看看，把鲤鱼放进竹篓里，又把手伸进洞里去摸，又是一条！

就这样，他一连摸了5条鲤鱼，竹篓满腾腾了。这以后，灵峰每日上山放牛，都到洞里摸鱼，每日都摸满一竹篓5条鲤鱼。

奶奶每日吃鲤鱼，眼睛慢慢好转起来。半个月后，全好了。灵峰吃了鲤鱼，不到一个月，也长成了身强力壮的铁汉子，力气增加了不少。财主见灵峰长大，就不让他放牛，叫他干重活，上山砍柴。

一日，灵峰挑着柴下山，身上背着很重的竹篓，没想到在路上碰到了朝廷里派来的阴阳先生和他带来的4个喽啰，他们是到雁荡山来破"金交椅"风水的。

阴阳先生一眼见到灵峰的肩头担一担柴，好像担两座山，面颊血红，眉梢剑峰，体格特别强壮。他心里暗暗吃惊，难道我来迟了？是不是"金交椅"的灵气统统被他吸去了？当真，狗腿子发现了他竹篓

里的5条格外活泼的鲤鱼！

阴阳先生见了，脸色大变，忙问："你叫什么名字？"

"我叫灵峰！"灵峰答道。

阴阳先生赶忙又问："灵峰？你……你的鲤鱼，是在那把'金交椅'脚下拿的？"

"是又怎样？"灵峰觉得他们不是什么好人，不想纠缠，说完转身便走。

阴阳先生一把揽住灵峰，一双眼珠子很可怕，说道："这金交椅生在皇帝的宝山上，这鲤鱼是皇帝的！快，快交给我！"

灵峰气道："岂有此理！我捉到的，为什么要交给你？不交！"

"不交就夺！"于是四个喽啰七手八脚一齐冲过来。灵峰舞起柴

担，两个狗腿子被打得滚落山去，另外两个狗腿子吓得趴在地上一动也不动。阴阳先生面孔刷白，灵峰顺手把鱼篓"呼——"的一声抛上天空，只见鱼篓向西飞去，一下子不见了。

灵峰抛的那五条鲤鱼，在灵岩那一边山头，化成了岩，大家都叫它"朝天鲤"。

到了元代，雁荡山中宗教文化进一步发展起来。雁荡山的云祥寺就是在此时建立起来的。云祥寺旧寺有七间平房，寺内保存摹像题记碑刻多通。

整个寺院可以说是依山取势，因地制宜，布局合理，独具匠心。寺周还有二宜亭、冰廊等，都是小憩避暑佳地。

二宜亭取冷暖咸宜之意，方形，亭内有建亭碑记和首事陈少文图像碑各一通。碑下有一小洞，一米见方，洞口气温很低，仿佛如北雁荡的"冰洞"一般。

冰廊洞高两米余，宽3米，深20余米，仿佛是地下室之长廊，盛暑之时，廊内气温也很低，故命名为"冰廊"。

在雁荡山东麓有一座山峰叫洪武尖，相传这个名字是后来明太祖朱元璋赐封的。

相传元朝末年，朱元璋大军浩浩荡荡南下，一路上打了好多胜仗。到浙江没多久，就攻下了宁波、台州。但攻打温州时，那白鹿城有神鹿守卫，牢固得不得了，几次交锋，朱元璋都损兵折将，连他本人也受了伤，差一点被捉住。还好，他那匹枣红马突然长叫一声，四蹄腾空，带他冲出敌阵，救了他的性命。

朱元璋昏头昏脑，任凭枣红马驮着他，落荒奔逃。他本想避入雁荡深山歇息一下，哪晓得在山岔口走错了路，倒转走台州去了。忽见三面尘土飞扬，马蹄嘚嘚，一片喊杀声，无数元兵蜂拥上来。

朱元璋大喝一声，勒马回头，想冲进敌阵，决一死战，哪晓得枣红马却一步一步向后退。他越用鞭打，马越往后退。

奇怪的是，马倒退时踏过的地方，一群又一群大大小小的蜘蛛，不晓得是从哪里爬拢来，忙忙碌碌给它织了一层层白白厚厚的蜘蛛网，好像这蹄印不是新踏出来的。

当元军追到这里时，看看蹄印，只当朱元璋已过去很久，也就不再追了。朱元璋跑了一段路，远远望去，只见云雾当中，有一山尖隐隐现现，闪着阵阵霞光。

"好地方呀！"朱元璋赞叹一声，就扬鞭向那霞光冲去。朱元璋跑上了峰尖，渴得要命，偏偏这山尖没水，朱元璋就大叫："苍天在上，快赐我甘露吧！"

说罢，他随手把剑插在草地上，一下子，一股清泉喷出来了。朱元璋用泉水洗浴，刀伤不痛了，身上力气也大了。

后来，朱元璋当了明朝的开国皇帝，想起了当年从温州逃到雁荡山这段经过，就把那座高山尖叫作"洪武尖"，上面的泉水称为"一剑泉"。

雁荡山的风景秀丽，还引来了明代大旅行家徐霞客，他在游过雁荡山后，掷笔而叹：

欲穷雁荡之胜，非飞仙不能！

如此灵秀之处，自然也是修炼人选择修炼的佳所。在明代，雁荡山的人文景观也被逐渐丰富了起来，在雁荡山显胜门的入口处，一条卵石铺成图案路面的直街上，矗立着5座牌楼，被称为南阁牌楼群。

南阁牌楼群规模宏大，形制完整，是明代牌楼少见实例。既保持了一些官式做法，又有浓厚的地方风格。构造上中柱深埋以稳定整体建筑，空间透露以减轻负荷，具有较高的科学价值。

五座牌楼建造时间相隔百年，细部的变化反映了地方风格的演变，具有较高的艺术价值。

牌楼群原有7座，存留下来的有5座，皆坐南朝北。五座牌楼沿南阁村主街道一字排列，全长150米。保留较多早期手法，具有明显的浙南地方建筑风格。

南阁是雁荡山显胜门的入口处，在一条卵石铺成图案路面的直街上，矗立着这五座牌楼。高高的大红匾上，分别写着斗大的金字楷书"世进士""恩光""方伯""尚书"和"会魁"，显示着章氏几代人的

功名和地位。

"世进士"牌楼，为章纶、章玄应、章朝凤立于1544年；"恩光"牌楼，为章玄梅立于1491年至1521年；"方伯"牌楼，为章玄应所立，同样立于1491年至1521年；"尚书"牌楼约建立于1500年左右，"会魁"牌楼建于1439年，都是为章纶而立的。

牌楼群在后来的清初作过重修，但主体部分仍保留着明代的建筑风格。两根主柱是圆角方形的石柱，四根边柱是圆形木柱。柱子的基座用条石叠成，柱梁上的斗拱结构，颇具时代和地方的特色。

知识点滴

雁荡山的妙通塔传说为鲁班亲手建造。

据当地的老人回忆，妙通塔7层，高30多米，全部为砖石砌成，不见一根木头。最下一层，朝北有门，入塔可拾青石级至第四层。第四层外壁与塔心约有1米宽的距离，塔心呈方柱形，每层间都用砖石砌成如楼板一样的间隔，且每层均留有不同方向的门。

第四层向上呈外实中空状，内无石阶。要登上第五层，须在第四层放梯通第五层洞口方可。自第五层至塔顶，须从塔外不足2尺宽的螺旋小经，扶塔摩胸而上。

塔顶为一二米左右直径的圆平面，置一与家用八仙桌大小与高矮、表面厚约20厘米的平滑白矾石，上有一花鼓式样、高度约60厘米的风母铜顶，"间放光明，照耀数十里"即为此物。

塔顶东南角有一个2尺长的瓦刀柄，虽可晃动，但取之不得，相传就是鲁班建好此塔后留下的遗物。